Cornelia Löhmer | Rüdiger Standhardt

Timeout statt Burnout

Einübung in die Lebenskunst der Achtsamkeit

Buch & Hör-CD
Mit einem Vorwort von Ulrich Ott

Klett-Cotta

Klett-Cotta
www.klett-cotta.de
© 2012 by J. G. Cotta'sche Buchhandlung
Nachfolger GmbH, gegr. 1659, Stuttgart
Alle Rechte vorbehalten
Printed in Germany
Umschlag: Roland Sazinger, Stuttgart
Zeichnungen: bergerdesign, Solingen
Gesetzt aus der Carniola von Kösel, Krugzell
Gedruckt und gebunden von Pustet, Regensburg
CD-Bearbeitung von Hendrik Stein
ISBN 978-3-608-94729-8

Bibliografische Information der Deutschen Nationalbibliothek
Die Deutsche Nationalbibliothek verzeichnet diese Publikation in der
Deutschen Nationalbibliografie; detaillierte bibliografische Daten
sind im Internet über <http://dnb.dd.de> abrufbar.

Für unsere zauberhaften Söhne
Thilo und Henning,
die wir von ganzem Herzen lieben.

Vergessen Sie nie,
das Leben ist eine Herrlichkeit.
Rainer Maria Rilke

Inhalt

Anhang

Vorwort

Sich eine Auszeit zu nehmen, wenn einem alles zu viel wird – ist das nicht die natürlichste Sache der Welt? Muss es erst so weit kommen, dass der Körper eine Krankheit entwickelt, damit einem klar wird, dass es so nicht mehr weiter gehen kann? In vielen Fällen ist es offenbar leider so und die Zahlen der Krankenkassen über Fehlzeiten und die Zunahme psychischer Störungen deuten darauf hin, dass sich die Lage weiter verschlimmert. Was also ist zu tun, um ein Ausbrennen zu verhindern und rechtzeitig Phasen des Rückzugs und der Besinnung zu nutzen, um sich zu erholen und neu auszurichten? Eine Antwort lautet: Üben Sie sich in der Lebenskunst der Achtsamkeit.

Auf sich selbst zu achten, ist eine grundlegende Fähigkeit des Menschen. Doch die heutigen Anforderungen der Arbeitswelt, der enorme Zeit- und Leistungsdruck, führen nur allzu oft dazu, dass die Bedürfnisse und Warnsignale des Körpers ignoriert werden, mit den bekannten negativen Folgen für die Gesundheit, Lebensqualität – und schließlich auch für die Arbeit selbst. Sich in der Lebenskunst der Achtsamkeit zu üben, heißt also, diese grundlegende Fähigkeit wieder zu entdecken und zu lernen, sich wieder zuzuhören.

Was so einfach klingt, bereitet jedoch häufig bei der konkreten Umsetzung Probleme. Sich eine Auszeit zu nehmen bedeutet mehr als eine kurze

Unterbrechung der Arbeit. Achtsamkeit beinhaltet zugleich ein Loslassen, ein Aussteigen aus dem »Hamsterrad« der Geschäftigkeit, und eine aktive Hinwendung auf die Gegenwart, die Wahrnehmung des momentanen Befindens, getragen von einer Haltung des Wohlwollens sich selbst gegenüber.

Die klinische Forschung hat in vielen Studien gezeigt, dass ein Training dieser achtsamen Haltung bei zahlreichen körperlichen Erkrankungen und psychischen Störungen heilsame Wirkungen erzielt. Vor allem bei stressbedingten Erkrankungen, chronischen Schmerzen, Ängsten und Depressionen haben achtsamkeitsbasierte Verfahren ihre Wirksamkeit unter Beweis gestellt.

Doch nicht nur Patienten profitieren von Achtsamkeitsübungen, auch Gesunde können Stress bedeutsam reduzieren, ihr Wohlbefinden erhöhen und somit der Gefahr des Ausbrennens wirksam vorbeugen. Allerdings ist wiederholtes Üben erforderlich, um diese Früchte der Achtsamkeit zu ernten. Dazu bedarf es der Bereitschaft, die Aufmerksamkeit dem Atem, den Empfindungen, Gefühlen und Gedanken unvoreingenommen zuzuwenden, das innere Geschehen aus der Distanz zu beobachten, bis es allmählich von selbst zur Ruhe kommt.

Eine Haltung der Achtsamkeit zu erlernen und dauerhaft im Alltags- und Arbeitsleben zu realisieren, erfordert neben etwas Zeit und Offenheit vor allem auch eine Anleitung von kompetenter Seite. Cornelia Löhmer und Rüdiger Standhardt kommen aus der Praxis und haben in diesem Buch das Wissen zusammengetragen, das sie über viele Jahre in ihrer Arbeit erworben haben. So ist ein Buch aus der Praxis für die Praxis mit vielfältigen Übungen entstanden, die sich bewährt haben.

Das Buch bietet jedoch noch weitaus mehr als einen Werkzeugkasten für den gestressten einzelnen Arbeitnehmer: Es geht den Autoren um einen Bewusstseinswandel in der Arbeitswelt. Sie zeigen auf, wie durch gezielte Maßnahmen die Kultivierung von Achtsamkeit am Arbeitsplatz zum Nutzen aller Beteiligten aktiv gefördert werden kann.

Es ist zu erwarten, dass die strukturelle Verankerung derartiger Angebote in absehbarer Zeit zum Regelfall werden wird. Zum einen, weil sie die Attraktivität eines Unternehmens für qualifizierte Arbeitskräfte erhöhen, zum anderen, weil die breite gesellschaftliche Diskussion des Phänomens »Burnout« die negativen Folgen einer dauerhaften Überforderung so deutlich gemacht hat, dass sie nicht länger ignoriert werden können.

Es besteht also Handlungsbedarf für den Einzelnen wie auch für die Personalverantwortlichen in den Unternehmen. Dieses Buch bietet das erforderliche Know-how, damit man auf individueller und unternehmerischer Ebene aktiv werden kann. Wer sich darauf einlässt und sich den Fragen zur Selbstreflexion stellt, dem eröffnen sich neue Perspektiven auf sein Handeln und Wege zu einem heilsameren Umgang mit sich selbst und anderen.

Achtsamkeit ist ein Schlüssel zu mehr Selbstbestimmung und einer bewussten Lebensgestaltung. Dieses Buch bietet einen Spiegel, um das eigene Tun zu reflektieren, und es motiviert dazu, eingefahrene Verhaltensweisen zu verändern. Ich beglückwünsche die Autoren zu ihrem wichtigen Beitrag zur Förderung einer neuen Bewusstseins- und Arbeitskultur und wünsche den Lesern neue Einsichten und viel Lebensfreude beim Praktizieren der Übungen.

Wiesbaden, Juli 2012   Ulrich Ott

Einleitung

Die Lebenskunst der Achtsamkeit
ist die beste Burnout-Prophylaxe.
Britta Hölzel

Wir wissen nicht, was Sie dazu bewogen hat, das Buch über *Timeout statt Burnout – Einübung in die Lebenskunst der Achtsamkeit* in die Hand zu nehmen. Vielleicht sind Sie einfach neugierig, weil Sie in der letzten Zeit immer wieder auf den Begriff »Achtsamkeit«[1] gestoßen sind, und wollen wissen, wie er in Verbindung mit Burnout stehen kann. Vielleicht suchen Sie einen Zugang zur heilenden Kraft der Achtsamkeit, weil Sie eine tiefe Sehnsucht nach einem Leben im Einklang mit sich selbst spüren. Vielleicht gehören Sie zu der immer größer werdenden Gruppe von gestressten, erschöpften und ausgebrannten Menschen und wollen wieder zu mehr Besinnung kommen. Vielleicht interessieren Sie sich für einen praktikablen Weg, um das Leben nach einem Burnout wieder neu auszurichten. Vielleicht arbeiten Sie als Personalentwickler und suchen nach Wegen, wie Achtsamkeit strukturell in die Arbeitszusammenhänge Ihres Unternehmens integriert werden kann.

Was auch immer Ihre persönliche Motivation ist, wir laden Sie ganz herzlich ein, mit unserem Buch auf eine innere Reise zu gehen. Gönnen Sie sich

Auszeiten vom Alltag und wenden Sie sich bewusst sich selbst zu. Schon allein die Tatsache, dass Sie diese Zeilen lesen, ist Ihr erster *Timeout*-Schritt. Auf den nächsten Seiten leiten wir Sie Schritt für Schritt darin an, mehr Bewusstheit in Ihr Leben zu bringen – so sind Sie in der Lage, alltäglicher Hektik, Stress, Unzufriedenheit oder einem möglichen Burnout[2] etwas Wirksames entgegenzusetzen.

Die Intensität Ihrer Innenreise bestimmen Sie selbst. Je mehr Sie sich ein langsames Tempo erlauben, immer wieder Pausen für Selbstreflexionen einlegen und das bewusste Wahrnehmen praktizieren, desto tiefer werden Sie sich selbst begegnen und damit dem auf die Spur kommen, was in Ihrem Leben wesentlich ist. Immer wieder regen wir an, Pausen einzulegen und innezuhalten. Das Herzstück unserer Arbeit sind die praxiserprobten Timeout-Übungen, die auf der beiliegenden CD zusammengestellt sind. Sie ermöglichen Ihnen, die Kunst der Achtsamkeit ganz konkret einzuüben. Die regelmäßige Praxis des Innehaltens ist die wirkungsvollste Burnout-Prophylaxe. Im Sport gibt es ein Handzeichen für »Time-out«. Wir laden in unseren Seminaren die Teilnehmenden mit diesem Handzeichen zu den Timeout-Übungen ein. Das Zeichen ist in diesem Buch den Übungen vorangestellt. Vielleicht findet das Timeout-Zeichen auch Eingang in Ihren Alltag und erinnert Sie daran, regelmäßig innezuhalten.

In diesem Buch geht es um *Burnout-Prophylaxe durch Timeout*. Wir bieten

> Das klassische Bild in der Burnout-Forschung ist die Kerze, die an beiden Enden brennt – als Sinnbild für einen übergroßen Energieeinsatz.
>
> *Gabriele Kypta*

Ihnen keine Patentrezepte oder Instant-Lösungen an, sondern eine innere Grundhaltung, die Lebenskunst der Achtsamkeit. Sie sind eingeladen, die unterschiedlichsten Impulse und Anregungen auszuprobieren und dabei für sich selbst herauszufinden, was Sie in Ihrem Leben unterstützt und weiterbringt. Unsere Denkanstöße, die Fragen zur Selbstreflexion und die Timeout-Übungen sind vergleichbar mit einem großen Büfett, an dem Sie sich das aussuchen, was zu Ihnen passt.

Viele Menschen sind ständig auf der Suche nach Neuem und Außergewöhnlichem und übersehen dabei oft das Einfache und Naheliegende. Wenn Sie unser Buch lesen, dann werden Sie wahrscheinlich das eine oder andere bereits kennen. Unser Anliegen ist es, Ihnen nicht das Neue zu präsentieren, sondern das, was sich im Alltag bewährt. Wir erinnern an wesentliche Aspekte des menschlichen Daseins und ermutigen Sie, *jetzt* in der Umsetzung entschlossener zu werden, damit Sie zu Ihrer individuellen Lebensbalance finden.

> Mit unseren Handys und elektronischen Organizern sind wir inzwischen in der Lage, mit allem und jedem jederzeit in Kontakt zu treten. In diesem Prozess laufen wir Gefahr, niemals in Kontakt mit uns selbst zu sein.
>
> *Jon Kabat-Zinn*

In unserem Buch geht es sowohl um das individuelle Verhalten als auch um die gesellschaftlichen Verhältnisse. Beides spielt beim Phänomen »Burnout« eine Rolle und beides lässt sich durch Achtsamkeit beeinflussen. Der Ausgangspunkt für eine nachhaltige Veränderung – sowohl individuell als auch institutionell – ist ein Prozess der Entschleunigung mit regelmäßigen Zeiten des Innehaltens, der Stille, der Reflexion und der Muße.

Inhalt des ersten Kapitels ist der alltägliche Wahnsinn. Doch keine Angst: Wir analysieren nicht, warum alles so ist, wie es ist. Wir rufen die gravierenden Lebensveränderungen in Erinnerung, indem wir einzelne Beobachtungen aus unserem alltäglichen Umfeld beschreiben und aufzeigen, welchen Preis wir für diesen individuellen und gesellschaftlichen Lebensstil zahlen. Um einen Perspektivwechsel von Außen nach Innen geht es im zweiten Kapitel. Innehalten, Entschleunigung, Achtsamkeit, Stille und Muße sind die Gegenpole, mit denen wir den wachsenden Herausforderungen unseres privaten und beruflichen Alltags begegnen können. Das dritte Kapitel sensibilisiert für die Fülle des gegenwärtigen Augenblicks. Es geht um Dankbarkeit für all das, was in unserem Leben in Ordnung ist. Das Prinzip der Selbstverantwortung erläutern wir im vierten Kapitel – wir zeigen praktikable Wege auf, die aus der alltäglichen Unzufriedenheit führen. Im fünften Kapitel geht es um das Leben im Jetzt. Glücklichsein hat nichts mit unserer Vergangenheit oder Zukunft zu tun – es ereignet sich im gegenwärtigen Augenblick, wenn wir einverstanden sind mit dem was geschieht. Nach den individuellen Veränderungsmöglichkeiten beschreiben wir im sechsten Kapitel, wie sich Achtsamkeit auch im beruflichen Alltag, persönlich und strukturell, entfalten kann. An zwei Beispielen – der innerbetrieblichen

> Zwischen Wissen und Anwenden klafft im Leben häufig eine tiefe Kluft. Und aus Wissen entsteht nicht zwangsläufig Veränderung. Das geschieht sogar sehr selten.
>
> *Miriam Meckel*

Expertenausbildung für Progressive Muskelentspannung in der öffentlichen Verwaltung und dem achtsamen Generationswechsel in einem mittelständischen Familienunternehmen – schildern wir die Etablierung von Achtsamkeit im Berufsleben. Thema des siebten Kapitels ist die Selbstliebe. Wer aus ganzem Herzen »Jasagen« kann zu sich selbst mit einem Lächeln im Gesicht über die eigene Unvollkommenheit, der kann auch andere annehmen, wie sie sind und ganz nebenbei breitet sich die Achtsamkeit als Lebenskunst weiter aus. Im letzten

> Muße müssen wir wieder lernen, damit die Zeit der Muße ebenso lustvoll wird wie die Zeit der Herausforderung.
>
> *Manfred Nelting*

Kapitel geht es um die Kultivierung von Achtsamkeit im beruflichen Alltag in Form des von uns entwickelten *Trainings Achtsamkeit am Arbeitsplatz (TAA),* mit dem ein Ausweg aus der Stress- und Burnoutfalle möglich ist.

Cornelia Löhmer & Rüdiger Standhardt
Anidri, im Mai 2012

1. Den alltäglichen Wahnsinn erkennen

Bist du gestresst?
Bist du so damit beschäftigt,
in die Zukunft zu gelangen,
dass die Gegenwart zum reinen Mittel geworden ist,
dort anzukommen?
Stress wird verursacht, wenn du »hier« bist,
aber »dort« sein willst,
wenn du in der Gegenwart bist,
aber in der Zukunft sein willst.
Das ist eine Spaltung, die dich innerlich zerreißt.
Eine solche innere Spaltung zu schaffen
und mit ihr zu leben ist verrückt.
Die Tatsache, dass jeder es tut,
lässt es nicht weniger verrückt sein.
Eckhart Tolle

Unser alltägliches Leben hat sich in den letzten fünfundzwanzig Jahren auf allen Ebenen – privat, beruflich und kollektiv – nachhaltig verändert. Für uns persönlich ist es immer wieder eindrucksvoll, wenn wir uns daran erinnern, wie unsere jeweiligen Büros noch Ende der 80er Jahre aussahen. Damals arbeiteten wir an unseren wissenschaftlichen Abschlussarbeiten. Cornelias Büro an der Universität war nicht anders ausgestattet als der Schreibtischarbeitsplatz von Rüdiger zu Hause. Wir hatten ein Festnetztelefon, eine elektrische Schreibmaschine, einen Stapel Papier, Schere, Klebstoff und jede Menge Tipp-Ex. Um uns herum lagen die Bücher – viele davon über die universitäre Fernleihe bestellt. Mit manchen Autoren traten wir in brieflichen Kontakt – Antworten dauerten Tage, manchmal Wochen. Das wichtigste Gebäude außerhalb war ein Kopiercenter. Hier entstanden die zusammengeklebten Vorlagen unserer wissenschaftlichen Arbeiten, hier entstanden auch die Ausschreibungsflyer für Seminare, unsere Programmübersichten und Rundbriefe. Das einzige Faxgerät, zu dem wir Zugang hatten, befand sich in der Universitätsbibliothek – es war jedes Mal aufregend zu sehen, wie schnell die Daten den Adressaten erreichten. Dies war jedoch die Ausnahme – alles andere brauchte seine Zeit. Pausen waren vorprogrammiert – nicht zuletzt durch die Öffnungszeiten von Bibliotheken und Kopiercenter.

Das Ganze ist aus aktueller Perspektive kaum mehr vorstellbar. Schon auf der Außenebene sind unsere Büros heute gänzlich anders bestückt. Allein die Anzahl der Steckdosen für die Kommunikationsmedien ist beeindruckend. In jedem Büro gibt es einen PC und einen Laptop, einen Festnetzanschluss mit Anrufbeantworter und ein Handy. Gemeinsam nutzen wir ein Faxgerät, einen Scanner, einen weiteren PC und einen Kopierer. Wir kommunizieren per E-Mail, per Brief und per Telefon. Außerdem unterhalten wir Homepages, auf denen sich Interessenten jederzeit über unsere Arbeit informieren können. Technisch ist es nicht nur möglich, rund um die Uhr erreichbar zu sein, wir sind auch in der Lage, dank Laptop, Rufumleitung vom Festnetztelefon und Handy von nahezu jedem Ort auf der Welt unsere Bürogeschäfte weiterzuführen.

Wir schätzen die kommunikativen Möglichkeiten sehr und sind uns gleichzeitig bewusst, welche Schattenseiten sie bergen. Die Informationsweitergabe per Handy und E-Mail hat das Arbeitstempo deutlich erhöht und entpuppt sich als enormer Zeitfresser.

Wir laden Sie ein, beim Lesen dieses Textes immer wieder innezuhalten und die entsprechenden Fragen zu beantworten. Vielleicht legen Sie ein spezielles Heft, einen Block oder eine Datei in Ihrem PC an, die Sie ausschließlich für Ihr ganz persönliches »Timeout-Tagebuch« reservieren.

Timeout-Tagebuch
- Wie stark ist mein Leben von den derzeit üblichen Kommunikationsmöglichkeiten (Handy, Internetzugang, ...) bestimmt?
- Wie viele Stunden verbringe ich täglich im Internet, um mit anderen in Kontakt zu treten (E-Mail, Facebook, twitter, Xing, ...)?
- Wie leicht fällt es mir, mein Handy oder meinen PC auszuschalten oder gar auszulassen – abends, am Wochenende, im Urlaub?

Aus unserer Seminararbeit wissen wir, wie »normal« der *berufliche Wahnsinn* für die meisten Menschen heute ist. Nicht selten berichten Teilnehmende unserer Veranstaltungen stolz von ihrer »Multitaskingfähigkeit« – die Mittagspause verbringen sie essend vor dem PC, checken ihre Mails und verschicken schnell noch die eine und andere SMS. Beruflicher Leistungs- und Zeitdruck, Konflikte am Arbeitsplatz, Überforderung durch zusätzliche Aufgabengebiete, Informationsüberlastung, unklare bzw. widersprüchliche Arbeitsanweisungen, der Einsatz immer neuer Technologien, ständige Veränderungen der Arbeitsprozesse, Arbeitsverdichtung, Überstunden, Arbeit am Wochenende, Angst um den eigenen Arbeitsplatz, Konkurrenzverhalten unter den Mitarbeitern – dies alles gehört für viele Menschen ganz selbstverständlich zum beruflichen Alltag.[3]

> Wer als Führungskraft Karriere machen will, dem bleibt also kaum noch Zeit zum Atemholen, zum Auftanken, zur Weiterentwicklung seiner persönlichen Interessen, Kompetenzen und Hobbys.
>
> *Klaus Linneweh*

Neben dem beruflichen Wahnsinn hat auch der *private Wahnsinn* Einzug in unser Leben gehalten. Immer mehr Menschen hetzen auch in ihrer freien Zeit von Termin zu Termin. Jede Minute ist verplant, an den Abenden, den Wochenenden und sogar im Urlaub. Die meisten von uns haben immer etwas zu tun – wer »in« sein will, ist »aktiv«.

Hand aufs Herz: Wann hatten Sie zuletzt einen Tag, an dem Sie absolut nichts vorhatten und den Sie in mußevoller Beschäftigung verbracht haben? Einen Tag oder doch wenigstens ein paar Stunden, in denen nichts im Außen passiert ist – kein Fitnessprogramm, keine Telefonate, keine Informationen über Zeitung, Fernsehen oder PC, kein Einkaufen, keine Freizeitveranstaltung, kein Lesen, kein Hobby, keine Garten- oder Hausarbeit, keine Kontakte – nicht mal über Facebook?

Erinnern Sie sich daran, wann Sie zum letzten Mal »Stille« erlebt haben. Mit welchen Geräuschen umgeben Sie sich normalerweise im Alltag? Wie selbstverständlich lassen Sie sich vom Radiowecker aus dem Schlaf holen, schalten beim Autofahren das Radio an und sorgen für Begleitmusik bei Ihren sportlichen Aktivitäten und für Hintergrundmusik, sobald Sie nach Hause kommen?

Aus Umfragen wissen wir, dass jeder Bundesbürger im Schnitt täglich drei

---

Timeout-Tagebuch

Nehmen Sie sich einen Moment Zeit und lassen Sie den gestrigen Tag noch einmal vor Ihrem inneren Auge ablaufen. Beantworten Sie folgende Fragen:

- Wie lief mein gestriger Tag ab?
- Wie viele Momente gab es, in denen ich mich intensiv gespürt habe?
- Wie viel Zeit habe ich mir genommen für all das, was mir wichtig ist?
- Welche Medien habe ich genutzt, um mich abzulenken? (Radio, Fernsehen, Telefon, Musikanlagen)
- Gab es Zeiten von Stille?
- In welcher Stimmung habe ich den Tag beendet?

Stunden fernsieht – wie selbstverständlich schalten Sie den Fernseher ein, um sich zu informieren, berieseln zu lassen oder ihn einfach nur »nebenbei« laufen zu haben?

Jederzeit können wir uns über Tageszeitungen, das Fernsehen und im Internet über den *kollektiven Wahnsinn* informieren: Finanzkrisen, politische Unruhen, Gewalt, Terror und Kriege existieren überall auf der Welt, dazu kommt die systematische Zerstörung unserer Erde auf allen Ebenen – in der Luft, im Wasser und im Boden. Wir sind konfrontiert mit den Folgen unseres Fortschritts: Klimaerwärmung, Treibhauseffekt, saurer Regen, Ozonloch, Waldsterben, Verseuchung des Wassers, explodierende Bohrinseln und undichte Atomkraftwerke, um nur einige Stichworte zu nennen. Gewaltige Naturkatastrophen tun ihr Übriges – in ungewohnt kurzen Abständen erschüttern heftige Erdbeben, extreme Überschwemmungen, schwere Hurrikans, sintflutartige Regenfälle und lange Dürreperioden unsere Welt. Täglich sterben Pflanzen- und Tierarten aus und zum ersten Mal in der Geschichte der Menschheit ist unser eigenes Überleben als Spezies Mensch ernsthaft in Frage gestellt.[4]

> Wer stellt sich in normalen Zeiten schon Fragen wie: Wie finde ich Zeit, um meinem Inneren zu lauschen? Wie finde ich Zeit, mit mir selbst zu sein? Aber genau um diese Fragen geht es, wenn Sie wirklich etwas Neues wollen.
>
> *Eva-Maria Zurhorst*

Bislang lebten die Generationen vor uns in der übergeordneten Gewissheit, dass es eine Zukunft für ihre Kinder und Kindeskinder gibt. Diese Sicherheit haben wir nicht mehr – im Gegenteil: Wir leben mit einer ungewissen Zukunft für uns selbst und für alle, die nach uns kommen, und wir leben mit dem Wissen, dass wir Menschen in der Lage sind, allein durch unsere atomaren Waffen uns selbst und die gesamte Schöpfung jederzeit komplett vernichten zu können.

Als Deutsche leben wir außerdem mit der Erfahrung, dass von deutschem Boden aus zwei Weltkriege begonnen wurden – die Auswirkungen davon reichen in die unterschiedlichsten Zusammenhänge hinein.

> Wir sind mit dem zweifelhaften Privileg ausgestattet, die erste Spezies in der Geschichte des Planeten zu sein, die das Potential für einen kollektiven Selbstmord entwickelt hat.
>
> *Stanislav und Christina Grof*

Hierzu gehört vor allem die weitgehend unbearbeitete Thematik der »Kriegskinder«[5]. Als Kinder und Jugendliche haben sie verheerende Erfahrungen im Zweiten Weltkrieg gemacht, ohne sich jemals bewusst darüber

---

Timeout-Tagebuch

Lassen Sie die unterschiedlichen Ausprägungen des kollektiven Wahnsinns vor Ihrem inneren Auge auftauchen und beantworten Sie folgende Fragen:

- Welcher Aspekt taucht zuerst in meinen Gedanken auf?
- Welche Stimmung entsteht in mir, wenn ich mich mit den Ausprägungen des kollektiven Wahnsinns beschäftige?
- Wie verhalte ich mich angesichts der globalen Krise?

Am wichtigsten scheint mir heute zu sein, sich bewusst zu machen, dass es sich bei den vielen ehemaligen Kriegskindern um Überlebende handelt, die unsere Solidarität brauchen.

Sabine Bode

zu werden, wie traumatisiert sie sind. Sie haben den Krieg überlebt, sie haben Deutschland wieder aufgebaut.

Ihr verschütteter emotionaler Zugang zu sich selbst ist das kollektive belastende Erbe, das sie mit sich herumtragen und das sie an die nächste Generation weitergeben. Als Spätfolgen der deutschen Vergangenheit spüren viele »Kriegsenkel«[6] starke Verunsicherungen im Umgang mit ihren Eltern und haben Hemmungen, ihr eigenes Leben aktiv und kraftvoll zu gestalten.

Timeout-Tagebuch

Wenn Ihre Eltern zwischen 1930 und 1945 geboren wurden, dann nehmen Sie sich Zeit für folgende Fragen:

- Welches Gefühl steigt spontan in mir auf, wenn ich an die Beziehung zwischen mir und meinen Eltern denke?
- Was weiß ich über die Kindheit und Jugend meiner Eltern im Krieg?
- Frage ich aktiv nach und ermutige ich sie, ihre Erlebnisse aufzuschreiben?
- Wie unbefangen ist (oder war) der Kontakt zwischen mir und meinen Eltern?
- Wie leicht fällt es mir, meinen Eltern meine Gefühle zu zeigen (z. B. Liebe, Dankbarkeit, Trauer, Wut)?

Wenn wir in der Überschrift von »alltäglichem Wahnsinn« sprechen, haben wir die Folgen, die der berufliche, der private und der kollektive Wahnsinn bei uns hinterlassen, im Blick. Wer »wahnsinnig« ist, ist nicht mehr »Herrin bzw. Herr der Lage«. Ein wahnsinniger Mensch handelt vollkommen ziel- und planlos, die Situation verschärft sich und im schlimmsten Fall bricht alles zusammen, der Mensch und mit ihm die Situation.

Das Lebensgefühl vieler Menschen heute ist geprägt von einem Gefühl des permanenten Getriebenseins, von ständiger Anforderung und Überforderung, von Rastlosigkeit und innerer Unruhe, von Zeitnot, Hetze und Hektik. Atemlos und in höchster Alarmbereitschaft liegen viele Menschen auf der Lauer, ängstlich auf das schauend, was als nächstes passieren wird, selbst die Nacht bringt keine Entspannung – bereits 50 Prozent der berufstätigen Bevölkerung leiden unter Schlafbeschwerden. Immer mehr Menschen fühlen sich an der Grenze ihrer Belastbarkeit. Sie empfinden ihr Leben als Dauerstress und sie leiden darunter.

Häufige Folge ist das Burnout-Syndrom, eine körperliche, emotionale und geistige Erschöpfung aufgrund beruflicher und privater Überlastung. Dieser schwere Erschöpfungszustand ist durch den Verlust der Regenerationsfähigkeit gekennzeichnet, und ein Drittel aller Erwerbstätigen sind mindestens einmal in ihrem Berufsleben davon betroffen. Besonders gefährdet sind 30–50-jährige dynamische Menschen mit hoher Motivation. Das Karlsruher Institut für Arbeits- und Sozialhygiene[7] kommt in einer Langzeitstudie an 6000 Führungskräften aus Wirtschaft und öffentlichem Leben zu dem ernüchternden Fazit: Jede dritte Führungskraft kommt mit dem Stress in ihrem Leben nicht zurecht, ein weiteres Drittel hat damit mehr oder minder deutliche Schwierigkeiten und nur knapp 30 Prozent führen ein gesundes Leben. Also gerade diejenigen Menschen, die sich als Führungskräfte im Sinne der Fürsorgepflicht um ihre Mitarbeiter kümmern sollten, sind überwiegend nicht in der Lage, für sich selbst zu sorgen.

Stress ist die Volksseuche des 21. Jahrhunderts. Gesundheitsexperten gehen davon aus, dass in den westlichen Industriestaaten heute mehr als 80 Prozent aller Krankheiten auf Stress zurückzuführen sind. Die körperlichen und psychischen Folgen reichen von mangelnder Lebensfreude, Gereiztheit, Nervosität, Konzentrationsstörungen, erhöhter Krankheitsanfälligkeit, Depression, steigendem Alkohol- und Tablettenkonsum, Migräne, Rückenschmerzen, Bluthochdruck, Schlafstörungen, Tinnitus, Hörsturz bis Burnout. Immer mehr Menschen nehmen regelmäßig Psychopharmaka ein, um ihre berufliche Leistungsfähigkeit aufrechtzuerhalten. Der Medikamentenkonsum ist in den letzten zehn Jahren um über 50 Prozent gestiegen, so dass die Krankenkassen sich verstärkt dem Thema »Doping« widmen.

Die finanziellen Kosten von stressbedingten psychischen Erkrankungen (medizinische Behandlung, Fehlzeiten, Produktionsausfall) liegen gegenwärtig in Deutschland jährlich bei mindestens 40 Milliarden Euro, Tendenz steigend.

Timeout-Tagebuch

Werden Sie sich über Ihren Gesundheitszustand bewusst, indem Sie folgende Fragen schriftlich beantworten.

- Wenn ich an meine Gesundheit denke, welches Gefühl steigt spontan in mir auf?
- Ist mein Körpergewicht im Normalbereich? (Wenn Sie dies nicht wissen, wenden Sie die ganz einfache Rechnung für Ihr Maximalgewicht an: Körpergröße minus 100. Genauere Berechnungen sind mit dem Body-Mass-Index möglich. Dabei wird die Körpergröße zum Quadrat genommen und dann das Körpergewicht durch diese Zahl dividiert. Er sollte zwischen 19 und 25 betragen.
- Wie steht es um meine körperliche Fitness?
- Wie viele Stunden Schlaf habe ich durchschnittlich pro Nacht?
- Rauche ich? Wenn ja, wann rauche ich gewöhnlich und wie viel?
- Wie viel Alkohol trinke ich und wie regelmäßig?
- Welche Medikamente nehme ich gelegentlich oder dauerhaft ein?
- An welchen körperlichen Symptomen leide ich gelegentlich oder dauerhaft (z. B. innere Unruhe, Nervosität, Gereiztheit, Herz-Kreislauf-Beschwerden, Müdigkeit, Magen-Darm-Probleme, Schlafstörungen, Kopfschmerzen, Migräne, Rückenschmerzen, Ohrgeräusche, Bluthochdruck)?

Timeout-Übung 1:

Achtsames Innehalten

Gönnen Sie sich jetzt eine Zeit für das *achtsame Innehalten* im Sitzen. Hören Sie auf der beiliegenden CD die Timeout-Übung 1. Erlauben Sie sich eine Unterbrechung Ihrer Aktivitäten und richten Sie bewusst Ihre Aufmerksamkeit nach Innen. Lassen Sie sich Zeit, die Übung in Ruhe zu beenden.

2. Die Perspektive wechseln

Werden Sie still.
Wenn Sie sich nach Erfüllung,
Verbundenheit und Liebe sehnen,
dann brauchen Sie zuerst einen drastischen
Kurswechsel von draußen nach drinnen.
Eva-Maria und Wolfram Zurhorst

Prüfen Sie, ob Sie sich in einer der folgenden Aussagen wiederfinden:

- *Ich fühle mich im Hamsterrad des Lebens gefangen.*
- *Ich verliere im Alltag immer wieder den Überblick über meine vielfältigen Aufgaben.*
- *Ich spüre ein tiefes Gefühl von Unzufriedenheit in mir.*
- *Ich reagiere nur noch, anstatt mein Leben zu gestalten.*
- *Ich fühle mich überfordert von der allgemeinen Veränderungsgeschwindigkeit.*
- *Ich spüre schon länger, dass es Zeit ist, zu neuen Ufern aufzubrechen, doch meine Angst und mein Sicherheitsdenken lähmen mich.*

Wenn Sie den obigen Sätzen überwiegend zustimmen, befinden Sie sich bildlich gesprochen auf Ihrem Lebensweg an einer Weggabelung. Sie können jederzeit in Ihrem Leben wählen, ob Sie den eingeschlagenen Weg fortsetzen oder ob Sie Ihrem Leben eine neue Richtung geben wollen. Sie haben richtig gelesen! In jedem Moment Ihres Lebens entscheiden Sie sich entweder für das »unbewusste« Programm – Sie machen dann einfach weiter wie bisher, ohne dass sich an Ihrem Grundlebensgefühl etwas ändert, oder Sie legen den Schalter um in Richtung mehr Bewusstheit.

Dies klingt einfacher als es ist, denn wer sich dafür entscheidet, mehr Bewusstheit ins eigene Leben zu lassen, der kommt nicht selten mit Gefühlen in Kontakt, die alles andere als angenehm sind. Plötzlich sind wir mit der gesamten Spannbreite der Gefühle konfrontiert, auch mit unserer unterdrückten Wut, dem über Jahre angehäuften und schließlich weggedrängten Schmerz, der ungestillten Sehnsucht nach Liebe, Anerkennung und Geborgenheit oder unserer inneren Leere. Dies tut weh und sehr schnell geraten wir in das alte Fahrwasser. Wir betäuben den Schmerz in uns durch Ablenkung. Solange wir im Außen etwas tun, müssen wir uns im Innen nicht spüren. Und so kommt es, dass wir uns pausenlos beschäftigen mit all den Tätigkeiten, die wir für andere tun – für die Familie, für die Arbeit, für unseren äußeren Status. Auf der Außenebene funktionieren wir wunderbar, aber im Inneren fühlen wir uns leer und ausgezehrt.

Oftmals endet dieser Zustand früher oder später im körperlichen Leid. Vielleicht nehmen Sie die ersten Warnsignale Ihres Körpers noch gar nicht zur Kenntnis oder Sie bemerken die Hinweise und drücken sie nieder mit eisernem Willen, mit Psychopharmaka oder verstärktem Arbeitspensum. Alles unter dem Motto: »So schlimm ist es doch auch wieder nicht – ich schaffe das schon! Hauptsache, es geht weiter, denn ich muss den Anforderungen, die privat und beruflich an mich gestellt werden, gerecht werden!« Bei vielen Menschen, die sich auf Dauer im Außen und damit im Tun ablenken, ziehen der Körper oder die Seele spätestens in der Lebensmitte die Notbremse und zwingen sie zu einer Vollbremsung. Häufig lautet die Diagnose dann seelische Erschöpfung oder Depression.

Vielleicht haben auch Sie bereits einen körperlichen oder psychischen Zusammenbruch hinter sich, waren für einen längeren Zeitraum nicht arbeitsfähig und hielten sich eine Zeitlang in einer Klinik oder Kureinrichtung auf. Was vorher noch wichtig erschien, rückte in den Hintergrund. Sie selbst nahmen im Vordergrund Platz. Plötzlich gab es Zeit, um Innezuhalten, Durchzuatmen und Aufzutanken.

Möglicherweise haben Sie diese leidvolle Phase der ungeplanten Ausbremsung auch dazu genutzt, sich mit Fragen rund um den Sinn Ihres Lebens zu beschäftigen. Vielleicht wurde Ihnen deutlicher bewusst, was wirklich wichtig ist in Ihrem Leben und Sie sind seitdem auf der Suche nach einem Weg, der Sie gelassener durchs Leben führt.

Sollten Sie bisher noch keinen inneren oder äußeren Anlass gehabt haben, der Sie in eine persönliche Standortbestimmung geführt hat, ist es vielleicht die Sehnsucht, die Sie antreibt. Jack Kornfield beschreibt es so: »In all dem Stress und all der Komplexität unseres Lebens vergessen wir vielleicht unsere tiefsten Bedürfnisse. Doch wenn die Menschen das Ende ihres Lebens erreichen und zurückschauen, ist die häufigste Frage, die sie sich selbst stellen, nicht etwa: ›Wie viel ist auf meinem Bankkonto?‹ oder ›Wie viele Bücher habe ich geschrieben?‹ oder ›Was habe ich aufgebaut?‹ oder so ähnliches. Wenn Sie das Glück haben, mit einem Menschen zusammen zu sein, der sich bewusst ist, dass die Zeit seines oder ihres Todes gekommen ist, werden sie feststellen, dass die Frage ganz einfach lautet: ›Habe ich wirklich geliebt?‹ ›Habe ich ganz gelebt?‹, ›Habe ich gelernt loszulassen?‹«[8]

Bevor wir weiter ausführen, was mit dem Blickwechsel von »Außen« nach

---

Timeout-Tagebuch

Wir haben eine Reihe von Fragen zusammengestellt, die Ihnen eine Selbstreflexion erleichtern. Nehmen Sie sich Zeit, die Fragen schriftlich zu beantworten.

- Was ist das Wichtigste in meinem Leben?
- Wo investiere ich meine Zeit, Energie, Kreativität, Liebe?
- Ist die Richtung, die mein Leben hat, förderlich für das, was mir zutiefst wichtig ist?
- Wie stehe ich zu mir selbst?
- Welche Erwartungen habe ich an das Leben?
- Was ist das größte Glück in meinem Leben?
- Welchen Traum habe ich mir in meinem Leben erfüllt?
- Was ist mein Lebensmotto?
- Was ist der Sinn meines Lebens?
- Wer bin ich?

»Innen« gemeint ist, laden wir Sie zu einem kleinen Experiment ein. Die Aufgabe lautet: Verbinden Sie alle neun Punkte mit vier geraden Linien, ohne den Stift dabei abzusetzen.

$$\begin{matrix} \bullet & \bullet & \bullet \\ \bullet & \bullet & \bullet \\ \bullet & \bullet & \bullet \end{matrix}$$

Wenn Sie die Lösung nicht bereits kennen, dann probieren Sie möglicherweise lange herum. Vielleicht fragen Sie sich sogar, ob es überhaupt möglich ist, diese Aufgabe zu lösen. Die Antwort lautet »Ja«. Es gibt eine Lösung, doch diese finden Sie nur, wenn Sie Ihre gewohnten Denkmuster verlassen und eine neue Sichtweise der Wirklichkeit wagen. Gönnen Sie sich noch etwas Zeit, bevor Sie die Lösung in der Anmerkung[9] auf Seite 183 nachschlagen. Experimentieren Sie damit, den gedachten Raum der neun Punkte bewusst zu überschreiten.

Das Neun-Punkte-Problem macht deutlich, dass eine Lösung nur durch die Überwindung von engen Denkmustern in den Blick kommt: »Tatsächlich ist unser größtes Problem unser viel zu enger Bezugsrahmen, in dessen Grenzen wir agieren und mit dem wir uns so völlig identifizieren, dass wir seine Berechtigung niemals anzweifeln«[10], schreibt der Stressforscher Jon Kabat-Zinn.

Unsere enge Perspektive ist eine Fixierung auf das Tun im Außen. In diesem Tun-Modus können wir uns anstrengen wie wir wollen – wir werden keine Lösung finden. Je angestrengter wir auf dieser Ebene »weiterrödeln«, je zielsicherer führt der Weg in die Unzufriedenheit, die Erschöpfung und schließlich in den Burnout.

> Es ist in der Tat ein radikaler Akt der Liebe, wenn wir uns einfach nur eine Weile alleine hinsetzen und still sind.
>
> *Jon Kabat-Zinn*

Um die Balance (wieder) zu finden, brauchen wir einen Perspektivwechsel von außen nach innen. Es geht um den Gegenpol von »Tun« und »Machen« – es geht um das »Innehalten«, die »Stille«, das »Zur-Besinnung-kommen«.

Zur Verdeutlichung, was wir mit »Außen« und »Innen« meinen, haben wir in der nachfolgenden Übersicht dem Tun-Modus und dem Sein-Modus entsprechende Begriffe zugeordnet.

Tun-Modus	Sein-Modus
Männliches Prinzip	Weibliches Prinzip
Außenorientierung	Innenorientierung
Machen	Lassen
Herausforderung	Muße
Beschleunigung	Entschleunigung
Zielorientierung	Zielfreiheit
Verstand	Herz
Reden	Schweigen
Kontrollieren	Vertrauen

Tun ist nicht schlechter als Sein! Beides gehört zusammen. Es geht um die Balance.

Üblicherweise bleiben die meisten Menschen im »Tun« stecken. Sie glauben, das Glück des Lebens auf dieser äußeren Ebene zu finden. Und so fließt die meiste Energie dahin, so viel Geld zur Verfügung zu haben, dass ein Höchstmaß an Konsum und Vergnügen möglich ist. Vielleicht finden Sie sich auch in Gedanken wieder wie:

- Ich wäre glücklicher, wenn ich mehr Geld hätte.
- Ich wäre glücklicher, wenn ich eine (andere) Arbeit hätte.
- Ich wäre glücklicher, wenn ich endlich nicht mehr arbeiten müsste.
- Ich wäre glücklicher, wenn ich den »richtigen Partner, die richtige Partnerin« hätte.
- Ich wäre glücklicher, wenn ich endlich die Anerkennung (von meinem Vater, meiner Mutter, meinen Kindern, meinem Chef, …) bekommen würde, die mir zusteht.

Wir suchen das Glück im Außen, finden können wir es aber nur in unserem eigenen Inneren. Im Abstand von der Welt, in der Stille begegnen wir uns selbst. Wenn wir regelmäßig innehalten, um unserer inneren Stimme zu lauschen, stoßen wir auf das, was in unserem

> Tun muss durch *Nicht-Tun* in Balance gebracht werden. Wir sind aufgefordert, unser Bestes zu geben und dann im Mysterium des Lebens zu ruhen.
>
> *Saki Santorelli*

Leben für uns wesentlich ist. Doch die meisten Menschen fürchten die Stille wie der Teufel das Weihwasser. Sie haben eine Ahnung davon, wie unangenehm es sein kann, ganz auf sich selbst zurückgeworfen zu sein. Nach außen wird die Angst vor der Begegnung mit sich selbst gerne hinter der Unersetzbarkeit versteckt. Es fallen Sätze wie: »Ich muss erst noch dies und jenes erledigen!«, »Ich kann es mir nicht erlauben, mir Zeit für mich zu nehmen, denn ich bin nicht abkömmlich!«

Timeout-Tagebuch

Erinnern Sie sich an eine Situation in Ihrem Leben, die Sie »aus der Bahn geworfen« hat und beantworten Sie folgende Fragen:

- Welche Situation taucht vor meinem inneren Auge auf?
- Was war mein erster Gedanke?
- Welche Befürchtungen hatte ich, als mir klar wurde,
  dass ich meine geplanten Aufgaben nicht wahrnehmen kann?
- Was ist von meinen Befürchtungen tatsächlich eingetreten?

Menschen, die sich sehr anstrengen, alle Erwartungen im Außen zu erfüllen, weil sie sich für unersetzbar halten, erleben in Zeiten, in denen sie ungewollt nicht zur Verfügung stehen, dass es auch ohne sie weitergeht. Für viele ist dies eine überraschende Erkenntnis.

Wir alle sind nicht so wichtig, wie wir denken. Dies gilt auch für den normalen Alltag. Wir haben jederzeit die Möglichkeit, aus der Außenorientierung auszusteigen, innezuhalten und uns uns selbst freundlich zuzuwenden. Nur so bekommen wir eine angemessene Distanz zu uns selbst, zu den Menschen um uns herum und unseren Aufgaben. Aus dem inneren Abstand – der gelassenen Distanz – kann der Perspektivwechsel stattfinden.

Die Einladung zum Perspektivwechsel wird auf wunderbare Weise in einer indischen Geschichte beschrieben:

Ein reicher alter Mann starb und hinterließ zwei Söhne. Nach dem Tod des Vaters lebten die Brüder eine Zeitlang weiter auf traditionelle indische Art in einer Großfamilie zusammen und führten einen gemeinsamen Haushalt. Doch dann brach Streit zwischen ihnen aus, und sie beschlossen, sich zu trennen und den gesamten Besitz untereinander zu teilen. Alles wurde zu gleichen Teilen aufgeteilt, und so war es bald geregelt. Nachdem sie jedoch bereits mit allem übereingekommen waren, fand man ein kleines Päckchen, das von ihrem Vater sorgfältig verborgen worden war. Sie öffneten es und fanden darin zwei Ringe. Der eine war mit einem wertvollen Diamanten besetzt, der andere war ein gewöhnlicher Silberring, nur ein paar Rupien wert.

Als der ältere Bruder den Diamanten sah, entwickelte er Habgier in seinem Geist, und so erklärte er dem Jüngeren: »Mir scheint, dass dieser Ring nicht von unserem Vater selbst erworben wurde, er muss aus dem Erbe unserer Vorväter stammen, ein Familienerbstück. Deshalb verwahrte er ihn getrennt von seinem anderen Besitz. Und da er seit Generationen in unserer Familie aufbewahrt worden ist, sollte er auch für zukünftige Generationen erhalten bleiben. Daher werde ich, als der Ältere, ihn behalten. Du nimmst den Silberring.«

Der jüngere Bruder lächelte und sagte: »In Ordnung, sei glücklich mit dem

Diamantring, ich bin mit dem Silberring zufrieden.« Beide steckten sich ihre Ringe an den Finger und gingen ihrer Wege.

Der jüngere Bruder dachte: »Es ist zu verstehen, dass mein Vater den Diamantring so sorgfältig aufbewahrt hat, er ist wertvoll. Aber warum hat er nur diesen gewöhnlichen Silberring aufgehoben?« Er begann, den Ring gründlich zu untersuchen, und entdeckte, dass einige Worte in das Metall eingraviert waren: »Auch dies wird sich einmal ändern.« »Oh, das ist das Mantra meines Vaters, sein heiliger Leitsatz: Auch dies wird sich einmal ändern!« Er steckte den Ring wieder zurück an seinen Finger.

Beide Brüder durchlebten die Höhen und Tiefen des Lebens. Immer wenn der Frühling kam, geriet der ältere Bruder in ausgelassene Hochstimmung und verlor in seinem Glückstaumel die Ausgeglichenheit des Geistes. Wenn es Herbst oder gar Winter wurde, verfiel er in tiefe Depressionen und verlor wiederum seine geistige Ausgeglichenheit. Er wurde immer angespannter, und sein Blutdruck stieg. Da er nachts keinen Schlaf mehr fand, begann er Schlafmittel, Beruhigungsmittel und immer stärkere Drogen einzunehmen. Schließlich kam er an einen Punkt, wo er eine Elektroschock-Behandlung begann. Das war der Bruder mit dem Diamantring.

Was den jüngeren Bruder mit dem Silberring betraf, der freute sich ebenfalls, wenn der Frühling kam; er versuchte nicht, vor ihm davonzulaufen. Er genoss ihn, aber er schaute dabei auf seinen Ring und entsann sich: »Auch dies wird sich einmal ändern.« Und wenn es sich dann änderte, konnte er darüber lächeln und sich sagen: »Nun, ich wusste, dass das nicht so bleiben würde. Jetzt hat sich wieder alles verändert, na wenn schon!« Wenn der

Herbst oder Winter kam, schaute er wieder auf seinen Ring und erinnerte sich: »Auch dies wird sich einmal ändern.« Er begann nicht zu jammern, denn er wusste ja, dass auch das wieder anders werden würde. Und wirklich, auch dies änderte sich, es ging vorüber. Bei allen Höhen und Tiefen, allen Wechselfällen des Lebens wusste er, dass nichts ewig ist, dass alles kommt, nur um wieder zu vergehen. Er bewahrte stets die Ausgeglichenheit seines Geistes und lebte ein friedvolles, glückliches Leben. Dies war der Bruder mit dem Silberring.[11]

Timeout-Übung 2:

Achtsames Entspannen

Gönnen Sie sich jetzt eine Zeit für *achtsames Entspannen* im Sitzen. Hören Sie auf der beiliegenden CD die Time-out-Übung 2. Nehmen Sie im Wechsel von Anspannung und Entspannung die jeweiligen Körperzustände bewusst wahr und erleben Sie, wie Sie aktiv auf das Zusammenspiel von Anspannung und Loslassen der Muskulatur einwirken können. Lassen Sie sich Zeit, die Übung in Ruhe zu beenden.

3. Die Magie der Dankbarkeit entdecken

> *Im normalen Leben wird es einem gar nicht bewusst,*
> *dass der Mensch unendlich mehr empfängt, als er gibt,*
> *und dass Dankbarkeit das Leben erst reich macht.*
> *Man überschätzt leicht das eigene Wirken und Tun*
> *in seiner Wichtigkeit gegenüber dem,*
> *was man nur durch andere geworden ist.*
> Dietrich Bonhoeffer

Ein Bettler hatte mehr als dreißig Jahre am Straßenrand gesessen. Eines Tages kam ein Fremder vorbei. »Hast Du mal 'nen Euro?«, murmelte der Bettler und hielt mechanisch seine alte Baseballmütze hin. »Ich habe Dir nichts zu geben«, sagte der Fremde und fragte dann: »Worauf sitzt Du da eigentlich?« »Ach«, antwortete der Bettler, »das ist nur eine alte Kiste. Da sitze ich schon drauf, solange ich zurückdenken kann.« »Hast Du da mal reingeschaut?«, fragte der Fremde. »Nein«, sagte der Bettler, »warum auch? Es ist ja doch nichts drin.« »Schau hinein«, drängte der Fremde. Es gelang dem Bettler, die Kiste aufzubrechen. Voller Erstaunen, Unglauben und Begeisterung entdeckte er, dass die Kiste mit Gold gefüllt war.[12]

Geht es Ihnen auch manchmal so wie diesem Bettler? Sie nehmen den

Reichtum und die Fülle Ihres Lebens nicht wirklich wahr? Das Geheimnis eines erfüllten Lebens besteht in der Fähigkeit, all das sehen und wertschätzen zu lernen, was Ihr Leben ausmacht. Nehmen Sie sich jetzt Zeit, um innezuhalten und schreiben Sie all das auf, wofür Sie in Ihrem Leben dankbar sind.

Timeout-Tagebuch
- Wofür bin ich gegenwärtig in meinem Leben dankbar?
- Für welche meiner Stärken, Begabungen und Fähigkeiten bin ich dankbar?
- Für welche Lebensumstände bin ich dankbar?
- Für welche Höhepunkte, »Wunder« und Geschenke des Lebens bin ich dankbar?
- Für welche Erfahrungen, Lehren und Lektionen des Lebens bin ich dankbar?
- Für welche Kraftquellen bin ich in meinem Leben dankbar?
- Für welche kleinen und gewöhnlichen Dinge des Lebens bin ich dankbar?

Vielleicht fällt Ihnen anfangs gar nicht so viel ein, das macht nichts. Bewegen Sie diese Fragen immer wieder in Ihrem Herzen. Sie werden entdecken, dass Ihre Dankbarkeitsliste kontinuierlich länger wird. Nach und nach werden Sie sich Ihrer inneren und äußeren Reichtümer bewusster. Sie bekommen einen Blick für die vielen zauberhaften Momente in Ihrem Alltag, für die unzähligen kleinen »Selbstverständlichkeiten«, die überhaupt nicht selbstverständlich sind. Häufig erkennen wir sie erst, wenn sie nicht mehr da sind.

Es gibt viele Möglichkeiten, Dankbarkeit in Ihrem Leben zu kultivieren. Beginnen Sie z. B. den Tag damit, zwischen Aufwachen und Aufstehen eine kurze Zeitspanne der Tatsache zu widmen, dass Sie noch leben. Werden Sie sich bewusst über dieses Wunder und auch darüber, dass es in Ihrem Leben einen Tag geben wird, an dem Sie das letzte Mal die Augen aufschlagen. Jeder Tag ist ein Geschenk. Jeder Tag ist einzigartig. Jeder neue Tag ist der erste Tag vom Rest Ihres Lebens.

Lassen Sie sich inspirieren von der nachfolgenden Dankbarkeitsmeditation oder schreiben Sie Ihre eigene Version:

Ich danke für das Geschenk des Lebens.
Ich danke für das Geheimnis, dass es mich auch heute wieder atmet.
Ich danke für meine Gesundheit, meine Sinne und das Wunderwerk meines Körpers.
Ich danke für meine Eltern, meine Familie, meine Freunde und all die Menschen, die mein Leben bereichern.
Ich danke für alle Tiere, Pflanzen und die Schönheit der Natur.
Ich danke für meine Arbeit und für die Möglichkeit, schöpferisch zu gestalten.
Ich danke für den Ort, an dem ich lebe, für alle Sicherheit und das Glück, in Zeiten des Friedens zu leben.

Ich danke für alle Stolpersteine und Lektionen in meinem Leben,
    für alles, was ich bisher lernen durfte.
Ich bin dankbar, dass es mich gibt.

Wirklicher Reichtum ist eine Lebenskunst – die Kunst, jeden Augenblick als Wunder zu erleben und dafür dankbar zu sein. Manche Menschen haben entdeckt, dass es für sie unterstützend ist, ein Tagebuch der Dankbarkeit zu führen und all das aufzuschreiben, was sie dankbar stimmt.

Dankbarkeit ist eine Seinsweise und eine Haltung der Bescheidenheit in dem tiefen Wissen, wie viel wir anderen Menschen verdanken: den Eltern, die uns das Leben geschenkt haben, den Lehrern und Wegbegleitern, die uns geformt haben, den Freunden, mit denen wir die Höhen und Tiefen des Lebens teilen konnten. Seien Sie auch dankbar für die Menschen, die Ihnen Schwierigkeiten bereitet haben. An Ihnen konnten Sie wachsen. Dankbarkeit ist eine Lebenshaltung, die alle Menschen und Situationen »willkommen« heißt.

> Ein Turbolader zur Selbstakzeptanz und damit zu einem freudvollen Leben ist die Dankbarkeit.
>
> *Paul J. Kohtes*

Sagen Sie immer wieder »Danke« und nehmen Sie die alltäglichen Begegnungen und Begebenheiten nicht selbstverständlich. Der christliche Mystiker Meister Eckhart hat gesagt, dass das wichtigste Gebet in der Welt nur aus zwei Worten besteht: »Danke schön.« Lassen Sie sich überraschen, was mit Ihnen passiert, wenn Sie die Menschen »im Guten erwischen« und es ihnen sagen. Und warten Sie nicht so lange damit.

Timeout-Tagebuch

- Für welche Menschen (Partner, Kinder, Familie, Freunde, Kollegen, Vorgesetzte) bin ich dankbar?
- Welche Menschen haben mich gefördert?
- An welchen Menschen konnte ich wachsen?
- Wem kann ich heute noch »Dankeschön« sagen?
- Bei welchen Menschen werde ich mich in den nächsten Tagen bedanken?

Auch das Ende des Tages ist eine gute Möglichkeit, Dankbarkeit zu kultivieren. Lassen Sie vor dem Einschlafen noch einmal den Tag in Gedanken vorüberziehen. Entscheiden Sie sich bewusst dafür, nicht auf das zu schauen, was Sie nicht geschafft haben, sondern rufen Sie sich stattdessen alles in Erinnerung, für das Sie dankbar sein können: Eine schöne Begegnung, eine nährende Mahlzeit, ein paar Minuten der Stille, der Anblick eines spielenden Kindes, die erledigten Aufgaben, ein anregendes Gespräch, eine liebevolle Berührung …

Und noch ein letzter Hinweis: Feiern Sie das Leben, feiern Sie Ihre Geburtstage, feiern Sie Ihre Erfolge, feiern Sie den Beginn einer neuen Jahreszeit, feiern Sie sich selbst – es gibt so viele Gründe und Anlässe, dankbar zu sein, sich zu freuen und dies mit anderen zu feiern.

Eine alte sufische Erzählung handelt von zwei Männern, die sich auf einer Landstraße begegnen. Einer von beiden, ein reicher Edelmann, trug eine Tasche über der Schulter und einen betrübten Ausdruck im Gesicht. Der andere Mann, ein Bettler, fragte ihn, warum er so niedergeschlagen sei. »Ich bin auf der Suche nach dem Glück«, antwortete der Edelmann. »Ich habe schon alles versucht – Reichtum, Macht, Rang, Bildung, viele Frauen, aber ich bin immer noch von Ängsten erfüllt. Also habe ich neulich ein paar Dinge in meine Tasche gepackt und bin losgezogen, um mich selbst zu finden.«

> Dieses Leben ist dazu da, sich zu freuen. Das ganze Leben ist als ein Akt der Freude gedacht, dieses Leben ist uns geschenkt worden, damit wir es feiern!
>
> *Robert Betz*

»Aha«, erwiderte der Bettler. »Ich verstehe.« Ohne Vorwarnung schnappte er sich dann die Tasche des Edelmanns und lief damit in den Wald. Er lief kreuz und quer durch die Wildnis, bis er einen Abstand zwischen sich und sein verzweifeltes Opfer gebracht hatte. Als er dann den Edelmann näher kommen sah, stellte er die Tasche mitten auf die Straße und versteckte sich hinter einem Fels, um zu sehen, was passieren würde.

Als der reiche Mann seine Tasche unversehrt mit ihrem ganzen Inhalt entdeckte, war er natürlich verrückt vor Freude – er hüpfte umher, sang Halleluja und gebärdete sich wie ein Irrer. Der Bettler, der sich immer noch hinter dem Felsen versteckte, rief: »Verrückt, was bei manchen Menschen nötig ist, damit sie ihr Glück finden.«[13]

Timeout-Übung 3:

Achtsame Körperwahrnehmung

Gönnen Sie sich jetzt eine Zeit für die *achtsame Körperwahrnehmung* im Liegen. Hören Sie auf der beiliegenden CD die Timeout-Übung 3. Richten Sie Ihre Aufmerksamkeit nacheinander in die unterschiedlichen Bereiche Ihres Körpers. Erlauben Sie sich, alle Empfindungen Ihres Körpers bewusst wahrzunehmen, unabhängig davon, ob es sich um angenehme, unangenehme oder neutrale Empfindungen handelt. Begegnen Sie allem, was auftaucht, in einer wohlwollenden und freundlichen Haltung. Lassen Sie sich Zeit, die Übung in Ruhe zu beenden.

4. Das Leben selbst in die Hand nehmen

Wenn Sie nicht bereit sind,
sich für alles, wirklich alles, was in Ihrem Leben geschieht,
verantwortlich zu fühlen, dann werden Sie
keine Fortschritte machen.
Jiddu Krishnamurti

Wir merken es sofort, wenn wir es mit Menschen zu tun haben, die für alles, was in ihrem Leben geschieht, die Verantwortung übernehmen. Was zeichnet diese Menschen aus? Zunächst einmal verhalten sich selbstverantwortliche Menschen nicht wie die Mehrheit! Und – dies ist sehr auffällig – sie kommen weitgehend ohne Jammern, Klagen und Nörgeln aus. Sie sind authentisch in dem, was sie sagen und wie sie handeln. Egal was passiert, sie lassen sich nicht dazu hinreißen, anderen die Schuld in die Schuhe zu schieben. Doch auch sich selbst gegenüber hegen sie keine Schuldgefühle, ganz nach dem Motto: Was ist, ist! Sie sind aufrichtig und direkt – ihre Meinungsäußerungen sind unabhängig davon, was andere über sie sagen oder denken. Mit beneidenswerter Gelassenheit stehen sie im Leben: Weder trauern sie der Vergangenheit nach, noch machen sie sich Sorgen um die Zukunft. Wenn es etwas zu genießen gibt, genießen sie, wenn es etwas zu tun gibt, handeln sie und bei allem, was sie tun, haben sie Freude. Entsprechend respektvoll, zugewandt und voller Wertschätzung behandeln sie ihre Mitmenschen, ihr Umfeld und allem voran auch sich selbst.

In jedem von uns schlummert das Potential für ein Leben in Selbstverantwortung[14], wir brauchen es nur Schritt für Schritt zu entfalten. Sie sind eingeladen, auf drei unterschiedlichen Ebenen Bewusstheit in Ihr Leben zu bringen: Die erste Ebene kommt immer dann ins Spiel, wenn Sie mit grundlegenden Situationen in Ihrem Leben unzufrieden sind. Die zweite Ebene nimmt das Gefühl von Fremdbestimmtheit unter die Lupe und die dritte Ebene beleuchtet das Phänomen steigender Arbeitsanforderungen in immer knapper werdender Arbeitszeit.

Erste Ebene:
In fünf Schritten zu mehr Selbstverantwortung

Wenn es gut läuft in Ihrem Leben, dann feiern Sie! Genießen Sie bewusst diese Zeiten, kosten Sie sie aus und freuen Sie sich daran! Sie haben allen Grund dazu und Sie wissen so gut wie wir: Es wird nicht immer so bleiben. Das ist weder gut noch schlecht, es ist einfach so. Leben bedeutet Veränderung und so wird es immer wieder Zeiten geben, in denen es nicht so läuft, wie wir es gerne hätten. Sobald sich Unzufriedenheit breit macht, ist es wieder einmal soweit. Sie können jetzt weitermachen, als ob nichts wäre, Sie können aber auch innehalten und die Chance nutzen, die sich Ihnen gerade bietet. Probieren Sie unsere fünf Schritte zu mehr Selbstverantwortung aus. Vielleicht finden Sie damit Ansatzpunkte, die Ihnen einen neuen Umgang mit der Situation möglich machen.

1. Schritt: Ich schaue nach innen!

Schon dieser erste Schritt ist für die meisten Menschen ungewohnt, bisweilen sogar unangenehm. Wir haben es nicht gelernt, nach uns zu schauen, im Gegenteil: »Zuerst die anderen, dann Du!« lautete das Erziehungscredo in Elternhaus und Schule. Und wie es geht, mit sich selbst in einer tiefen Weise in Kontakt zu sein, hat uns niemand vermittelt. Wenn wir im ersten Schritt zu mehr Selbstverantwortung dazu auffordern, nach innen zu schauen, dann ist dies eine Einladung, sich Zeit zu nehmen für all das, was in mir vorgeht. Ganz bewusst richte ich meinen Blick auf meine innere Wirklichkeit. Ich nehme alle Gedanken wahr, alle Gefühle und alle Körperempfindungen. Alles darf sein, so wie es spontan in mir aufsteigt, auch wenn es mir noch so »verrückt« vorkommt. Und sobald mein Verstand beginnt, Kommentare oder gar Bewertungen abzugeben, dann schiebe ich diese getrost zur Seite. Ich gebe dem Raum, was in mir ist und lasse alles ungehindert in mein Bewusstsein treten: alle Ideen und Ziele, alle Herzenswünsche und Träume, alle Bedürfnisse und Sehnsüchte.

Unterstützende Fragen dazu lauten:

- *Welche private oder berufliche Situation stimmt mich gegenwärtig unzufrieden?*

- *Welche Phantasien, Wünsche und Ziele habe ich?*
- *Wenn es nur um mich ginge, was würde ich am liebsten tun?*

2. Schritt: Ich schaue nach außen

Im zweiten Schritt richte ich meinen Blick auf die äußere Wirklichkeit. Dies scheint zunächst einfacher, denn als soziale Wesen haben wir gelernt, uns im Außen zu orientieren. Wir glauben zu wissen, was andere Menschen bewegt und beschäftigt, insbesondere wenn es sich um Menschen handelt, mit denen wir in einem engen Kontakt stehen. In Wirklichkeit sehen wir die anderen jedoch selten so, wie sie wirklich sind. Wir sehen, was wir sehen wollen, und dieses Bild ist bestimmt von unseren eigenen Ängsten, Bedürfnissen, Vorlieben und Vorurteilen. Der Blick nach außen lädt ein, ganz bewusst meine eigene Sichtweise zur Seite zu schieben. Damit schaffe ich Raum für die Wirklichkeit der Menschen, mit denen ich durch die unbefriedigende Situation verbunden bin. So gut es mir möglich ist, versuche ich deren Einschätzung zu erfassen, unabhängig davon, ob sie mir gefällt oder nicht.

Was bringt Dein Herz zum Singen?
Robert Betz

Unterstützende Fragen dazu lauten:

- *Wenn ich mir vor Augen führe, was mich unzufrieden macht, welche Menschen sind außer mir selbst an der Situation beteiligt?*
- *Welche Wünsche, Vorstellungen und Ziele haben diese Menschen?*
- *Wo sehe ich Übereinstimmungen und wo sehe ich Differenzen?*

3. Schritt: Ich lote meine Wahlmöglichkeiten aus

In den meisten Situationen unseres Lebens haben wir die Wahlfreiheit zwischen drei verschiedenen Möglichkeiten, die uns in die Bewusstheit und damit in die Selbstverantwortung führen: Wir können die Situation erstens akzeptieren, wir können sie zweitens verändern oder wir können sie drittens verlassen (»Love it, change it or leave it.«). Wenn wir mit einer Situation unzufrieden sind, sehen wir diese Möglichkeiten oft nicht. Wir fühlen uns als Opfer der Umstände und machen andere für unser Unglücklichsein verantwortlich. Mit dieser Sichtweise der Welt befinden wir uns im »Dreieck der Unbewusstheit«.

Anhand der folgenden Grafik erläutern wir die Aspekte der zwei Bewusstheitszustände und legen dar, wie ein Wechsel vom Zustand der Unbewusstheit in den Zustand der Bewusstheit aussehen kann.

Die meisten von uns reagieren mit einem mehr oder weniger deutlichen »Nein!«, wenn sie mit bestimmten Lebensumständen oder auch mit Menschen nicht im Einklang sind. Üblicherweise äußert sich das Nein in einer der drei folgenden Ausprägungen:

Belassen: Menschen in diesem Zustand sehen keinerlei Möglichkeiten, wie sie selbst die unbefriedigende Situation verändern könnten. Sie laufen sprichwörtlich mit »Scheuklappen« durch die Welt. Selbst naheliegende Handlungsspielräume gelangen nicht in ihr Blickfeld. Es fehlt ihnen jegliche Phantasie für einen kreativen oder spielerischen Umgang mit der Situation.

Verharren: In diesem Zustand wirken Menschen wie innerlich gelähmt.

Sämtliche Lebensenergie scheint zurückgefahren. Äußerlich ist dies sichtbar an einer gedrückten Körperhaltung verbunden mit flachem Atem. Sie verharren in einer Art Erstarrungszustand und sind kaum in der Lage, etwas von dem mitzuteilen, was in ihnen vorgeht. Angesichts der unbefriedigenden Situation haben sie resigniert.

Ablehnen: Bei Menschen, die sich im Zustand der Ablehnung befinden, fällt die Leidenschaft auf, mit der sie sich entweder verbal oder in Handlungen in diesem Zustand einrichten. Die einen beschweren sich über die äußeren Umstände und lassen keine Gelegenheit aus, ihre Mitmenschen darüber zu informieren, wie schlecht die Welt zu ihnen ist. »Alles könnte so schön sein, wenn nicht …«. Die anderen zeichnet ein übertriebener Tätigkeitsdrang aus. Voller Ungeduld füllen sie jeden Moment ihres Lebens mit Aktivität und tun alles dafür, nicht tatenlos zu erscheinen. Ihre Handlungen jedoch sind reiner Selbstzweck – auf die unbefriedigende Situation haben sie keinerlei Einfluss.

Vielleicht haben Sie sich wiedergefunden in einer der drei Charakterisierungen. Meist sind wir nämlich besonders spezialisiert auf eine Form des Widerstands. Wenn Ihnen nicht klar ist, wie Sie reagieren, wenn Ihnen etwas nicht passt, dann fragen Sie einen Menschen, der Sie gut kennt. Das vorherrschende Lebensgefühl ist bei allen drei Ausprägungen gleich: Es ist das Lebensgefühl von Fremdbestimmtheit.

Solange wir uns im Zustand der Unbewusstheit befinden, wird sich nichts verändern. Wir bleiben, wo wir sind und leiden unter unserem »Nein« zu dem was ist. Es ist so, als würden wir mit dem ausgestreckten Finger auf

andere zeigen. Wir suchen die Schuld bei anderen – im Außen. Dabei übersehen wir die drei Finger, die in dieser Haltung auf uns selbst zeigen. Sie sind der eigentliche Schlüssel!

Denn der Weg heraus aus der Unzufriedenheit führt über die Selbsterkenntnis. Es geht nicht um die anderen. Auch wenn ich mich noch so anstrenge, werde ich einen anderen Menschen nicht verändern können. Verändern kann ich nur mich selbst! Ich kann mich jederzeit dafür entscheiden, mehr Selbstverantwortung in mein Leben zu bringen. Jedem »Nein« aus dem Dreieck der Unbewusstheit steht ein »Ja« aus dem Dreieck der Bewusstheit gegenüber.

Verändern: Unter dem Motto: »Geht nicht, gibt's nicht!« ist der Blick auf die Handlungsspielräume gerichtet, die es in nahezu jeder Situation gibt. Manchmal hilft ein Blick von außen z. B. durch eine unbeteiligte Person, um Spielräume zu entdecken. Fest steht: Fast immer gibt es Alternativen.

Verlassen: Wer eine unbefriedigende Situation aktiv beendet, beugt einer inneren Kündigung vor. Der Weg ist frei für Neues – das »Neue wagen« bedeutet, die Sicherheit des Alten zu verlassen und aufzubrechen in eine ungewisse Zukunft.

Akzeptieren: Etwas zu akzeptieren meint, Ja zu sagen zu dem, wie es jetzt ist. Dabei ist unbedeutend, ob die Situation als angenehm oder unangenehm erlebt wird. Man kann oder will sie weder verändern noch verlassen und entscheidet sich daher dafür, sie anzunehmen.

Die entsprechenden Fragen zum Ausloten der Wahlmöglichkeiten lauten:

- *Welche Handlungsspielräume und Veränderungsmöglichkeiten sehe ich?*
- *Wie kann ich die unbefriedigende Situation verlassen?*
- *Was würde es für mich bedeuten, diese Situation zu akzeptieren?*

4. Schritt: Ich entscheide mich

Im vierten Schritt treffe ich eine bewusste Entscheidung. Mit der Wahl »für etwas« verwerfe ich gleichzeitig andere Entscheidungsmöglichkeiten. Wenn ich mich nicht entscheide, ist dies auch eine Entscheidung, die ich bewusst treffen kann. Ebenso kann ich mich dazu entschließen, meine Einstellung zu einer Situation zu verändern.

Hilfreich sind folgende Fragen:

- *Wie entscheide ich mich jetzt?*
- *Wozu sage ich bewusst »Ja«, wozu sage ich bewusst »Nein«?*
- *Wenn ich auf die Umstände keinen Einfluss habe, wie sieht eine akzeptierende Haltung dazu aus?*

5. Schritt: Ich trage die Konsequenzen meiner Entscheidung

Alle Entscheidungen haben Konsequenzen. Im fünften Schritt übernehme ich bewusst alle Auswirkungen, die meine Entscheidung zur Folge hat. Dies gilt übrigens auch für die Konsequenzen, die sich aus einer »Nicht-Entscheidung« ergeben.

Timeout-Tagebuch

Rufen Sie sich eine Situation ins Gedächtnis, mit der Sie unzufrieden sind. Gehen Sie dann die fünf Schritte der Selbstverantwortung nacheinander durch und machen Sie sich zu jedem Schritt Notizen.

1. Schritt: Ich schaue nach innen

_____

2. Schritt: Ich schaue nach außen

_____

3. Schritt: Ich lote meine Wahlmöglichkeiten aus

_____

4. Schritt: Ich entscheide mich

_____

5. Schritt: Ich trage die Konsequenzen meiner Entscheidung

_____

Vielleicht eröffnen sich schon nach dem ersten Durchlaufen der fünf Schritte neue Perspektiven für Sie. Je nach Situation kann aber auch eine intensivere Beschäftigung mit den fünf Schritten nötig sein. Hilfreich ist es, diese Übung zu zweit zu machen. Berichten Sie einer unbeteiligten Person von Ihrer Situation und zählen Sie alle Faktoren auf, die Ihnen zu den fünf Schritten einfallen. Fragen Sie Ihr Gegenüber nach dessen Einschätzung. So können Sie sich über Ihre Unsicherheiten oder Ängste bewusster werden und den Anteil Ihrer Eigenblindheit verringern.

Zweite Ebene:

Die Säulen der Identität als Richtschnur für persönliche Lebensziele

Was würden Sie antworten auf die Frage, in wie vielen Bereichen Ihr Leben fremdbestimmt ist? Wer richtet Erwartungen, Wünsche und Forderungen an Sie, denen Sie sich ausgeliefert fühlen und auf die Sie nur noch reagieren, anstatt Ihre eigenen Vorstellungen zu realisieren? Die meisten Menschen erleben sich überwiegend fremdbestimmt in ihrem Beruf, in ihrer Familie und auch in der Öffentlichkeit.

Vorgesetzte, Kollegen und Kunden definieren das berufliche Feld, Partner oder Partnerin, die Kinder, Eltern und Geschwister das familiäre Feld. Nicht zu unterschätzen ist der Einfluss des öffentlichen Feldes. Hierzu gehören

Freunde, Bekannte, Nachbarn, Vereinskollegen, religiöse Gemeinschaften, politische Gruppierungen und auch die Medien. Alle machen auf ihre Weise unmissverständlich klar, wie wir uns zu verhalten haben, wie wir unsere freie Zeit verbringen sollen, oder was wir besitzen müssen, damit wir »auf der Höhe der Zeit« sind.

Kennen Sie das? Je mehr Fremdbestimmung Sie erleben, je größer wird Ihre Unzufriedenheit. Sie haben den Eindruck, nur noch zu funktionieren und zu reagieren – Sie sehnen sich danach, »endlich einmal in Ruhe gelassen zu werden«. Körper und Seele signalisieren genau, was Sie brauchen: Zeit und Ruhe, um wieder mit sich selbst in Kontakt zu kommen und herauszufinden, was Sie wollen. Ja, Sie haben richtig gelesen. Sie brauchen tatsächlich Zeit und Ruhe! Oder wissen Sie bereits, was Ihnen wirklich wichtig ist? Wenn ja, dann herzlichen Glückwunsch! Sie zählen zu den wenigen Menschen mit klaren Zielen.

Wenn wir in unseren Seminaren die Frage stellen: »Was sind Ihre drei wichtigsten privaten und beruflichen Ziele?«, dann bekommen wir im Regelfall allgemeine Vorsätze oder vage Willenserklärungen zu hören wie: »Ich will mehr Sport treiben!«, »Ich will mehr Zeit mit meinen Kindern verbringen!«, »Ich will mehr Urlaub machen!«, »Ich will weniger Überstunden machen!«, »Ich will beruflich weiterkommen!«

Von derartigen Aussagen geht bereits in der Formulierung keinerlei Kraft aus und fragen wir die Menschen ein Jahr später, was sie von ihren Zielen umgesetzt haben, so ist das Ergebnis ernüchternd. Nur selten haben sie aktiv etwas in ihrer Lebensführung verändert. Die Ziele sind noch die alten, nur die Sehnsucht ist größer geworden und damit auch die Frustration. Es ist davon auszugehen, dass auch die kommenden Jahre nach dem gleichen Muster verlaufen werden: Viel Fremdbestimmung, wenig Selbstbestimmung und das Ganze eingebettet in ein andauerndes Gefühl von Unzufriedenheit.

Inmitten der Fremdbestimmung werden Sie nur dann genügend Energie für die Umsetzung Ihrer Ziele aufbringen, wenn Sie genau wissen, was Sie in den einzelnen Lebensbereichen wollen. Alle Themen des Lebens drehen sich entweder um den »Sinn«, um »Beziehungen«, um »Gesundheit«, um »Arbeit« oder um »Finanzen«. Wir verdeutlichen die »fünf Säulen der Identität« an unserem Modell der Hand, die umrahmt ist vom »Kreis des Lebens«.

So wie die Hand nur mit fünf Fingern komplett ist, so fühlt sich unser Leben auch nur dann »rund« an, wenn wir mit allen fünf Lebenssäulen innerlich und äußerlich in Einklang sind und wissen, was uns wichtig ist.

Sie wollen nicht länger zusehen, wie Ihnen das Leben zwischen den Fingern zerrinnt? Dann haben Sie nur eine Möglichkeit: Innehalten und sich darüber bewusst werden, welche Kontur Sie Ihrem Leben geben wollen. Dafür brauchen Sie Zeit! Anfangs haben Sie nämlich nur vage Ideen, wie Sie mehr Selbstbestimmung in Ihr Leben bringen können. Je länger Sie aber den Fragen nach Ihren Lebenszielen Raum geben, desto deutlicher kristallisieren sich Ihre Prioritäten heraus. Geben Sie nicht auf, bevor Ihnen Ihre Ziele nicht glasklar vor Augen stehen. Schreiben Sie auf, was Ihnen wichtig ist. Selbst in einem denkbar unpassenden Moment – nachts, wenn Sie geweckt würden oder wenn Sie sich gerade sehr über etwas ärgern – sollten Sie in der Lage sein, Ihre wichtigsten Ziele in den fünf zentralen Themen des Lebens zu nennen.

Je bewusster Ihnen die Ziele sind, die Sie in jedem der fünf Lebensbereiche verfolgen, desto besser können Sie sich im Alltag für die Realisierung dieser Ziele einsetzen. Nehmen Sie sich mindestens einmal im Jahr die Zeit, um sich mit Ihren Zielen zu beschäftigen – für einen detaillierten Rückblick und einen Ausblick auf die nächsten zwölf Monate. Machen Sie dies schriftlich. Formulieren Sie realistische Etappen sowie handhabbare Strategien zur Erreichung Ihrer Ziele, verwahren Sie Ihre Notizen leicht zugänglich auf. Je regelmäßiger – am besten einmal in der Woche – Sie Ihre Notizen lesen, desto leichter wird es Ihnen fallen, Ihre Ziele im Alltag nicht aus den Au-

Timeout-Tagebuch

Schreiben Sie die drei wichtigsten Ziele auf, die Ihnen zu den Stichworten der fünf Lebensbereiche spontan einfallen.

Sinn, Werte, Lebensphilosophie

1. _____
2. _____
3. _____

Beziehungen, Partnerschaft, Familie

1. _____
2. _____
3. _____

Gesundheit, Körper, Wohlbefinden

1. _____
2. _____
3. _____

Arbeit, Leistung, Berufung

1. _____
2. _____
3. _____

Geld, Finanzen, materielle Sicherheit

1. _____
2. _____
3. _____

gen zu verlieren. Sobald Sie ein entschiedenes »Ja« zu Ihren Zielen gefunden haben, können Sie bewusster mit den Wünschen und Forderungen anderer Menschen umgehen.

Manchmal werden Sie nicht umhin kommen, freundlich und bestimmt »Nein« zu sagen, damit Ihre Ziele nicht auf der Strecke bleiben. Dennoch schrecken viele Menschen vor einem deutlichen Nein zurück, aus Angst vor der Reaktion des Gegenübers. Das Nein-Sagen-Können hängt zutiefst mit unserem Selbstwertgefühl zusammen. Wenn Sie selbst von Ihrem Wert nicht überzeugt sind, werden Sie zwangsläufig Schwierigkeiten mit der Abgrenzung haben. Sie verkneifen sich das »Nein«, denn ein »Ja« erscheint als der einfachere Weg. Langfristig erweist sich ein vorschnell erteiltes »Ja« nicht selten als folgenschwere Last. Entschärfen Sie daher Situationen, in denen Sie sich »überrumpelt« fühlen, indem Sie um ein paar Minuten Bedenkzeit bitten. Häufig reicht ein kleiner Abstand, um herauszufinden, ob Sie dem an Sie herangetragenen Wunsch entsprechen wollen oder nicht. Auch ein Gespräch mit Menschen, die Sie schätzen, kann Klarheit schaffen, inwieweit Ihre Ängste vor dem »Nein-Sagen« in der entsprechenden Situation wirklich berechtigt sind.

> Es fällt leicht, »Nein« zu sagen, wenn das tiefste Innere erfüllt ist von einem glühenden »Ja!«
>
> *Steven R. Covey*

Dritte Ebene:
Zu viel zu tun – was nun?

Sicher gibt es auch in Ihrem privaten und beruflichen Leben Phasen, in denen Sie mehr zu tun haben, als in der zur Verfügung stehenden Zeit zu schaffen ist. Vielleicht haben Sie dann versucht, schneller zu arbeiten, auf Pausen zu verzichten oder Zeit aus anderen Lebensbereichen abzuknapsen. Je länger ein solcher Zustand andauert, desto unbefriedigender wird er und wahrscheinlich sind auch Sie mit Ihren Grenzen konfrontiert worden. Es ist eben nicht möglich, durch erhöhtes Arbeitstempo und Pausenlosigkeit dauerhaft die Leistung zu steigern. Was also können Sie tun, wenn es zu viel zu tun gibt?

Wir wollen an einem Beispiel aus der Arbeitswelt aufzeigen, wie ein verantwortungsvoller Umgang mit dem »zu viel« konkret aussehen kann. Insbesondere im Berufsleben müssen immer weniger Menschen in immer kürzerer Zeit immer mehr Arbeit erledigen. Solange sowohl Führungskräfte als auch Mitarbeitende die Illusion haben, mit mehr Anstrengung wäre das steigende Arbeitspensum zu bewältigen, nehmen beide Ebenen über kurz oder lang eine innere Kündigung oder einen körperlichen Zusammenbruch in Kauf. Nur ein bewusster Umgang mit der Situation kann auch konstruktive Bewältigungsmöglichkeiten hervorbringen.

Die Aufgabe einer Führungskraft besteht darin, gemeinsam mit ihren Mitarbeitenden herauszuarbeiten, welche Abstriche in punkto Arbeit zu machen sind, wenn weniger Zeit zur Verfügung steht.

Sollten Sie selbst Führungskraft sein, dann gehört es zu Ihrer Fürsorgepflicht, eine genaue Arbeitsplatzbeschreibung für Ihre Mitarbeitenden auszuarbeiten und mit ihnen gemeinsam zu vereinbaren. Wenn Sie in der Rolle eines Mitarbeitenden sind und das »Pech« haben, einer schwachen Führungskraft unterstellt zu sein, sind Sie dennoch nicht zur Untätigkeit verdammt. Sie haben eine weitere Chance, sich in Selbstverantwortung zu üben. Halten Sie inne, verschaffen Sie sich einen klaren Überblick und legen Sie ein angemessenes Vorgehen in drei Schritten fest.

Schritt 1: Klarheit und Transparenz der Überstunden schaffen

Notieren Sie sich täglich (!) Ihre Arbeitszeiten inklusive aller Überstunden und protokollieren Sie, wie viel Zeit Sie für welche Arbeiten benötigen. Listen Sie am Ende des Monats Ihre Überstunden auf. Wenn Sie in drei Monaten hintereinander Ihre Arbeit nur durch das Ableisten von Überstunden erledigen konnten, dann bitten Sie Ihren Vorgesetzten um ein Gespräch über diese Situation, legen Sie ihm Ihre Übersichten vor und besprechen Sie gemeinsam, wie eine Lösung aussehen kann.

Schritt 2: Prioritätenlisten erstellen

Sollte das Gespräch mit Ihrem Vorgesetzten zu keiner Lösung geführt haben, dann müssen Sie selbst konkreter werden. *Verschriftlichen* Sie alle Ihre beruflichen Aufgaben und den jeweils zu erwartenden Zeitaufwand. Ordnen Sie Ihre Aufgaben nach Wichtigkeit. Legen Sie dann fest, welche Aufgaben Sie in Zukunft während Ihrer normalen Arbeitszeit bewältigen können, welche nur eingeschränkt und welche nicht. Erstellen Sie diese

Prioritätenliste sehr sorgfältig. Bedenken Sie bereits beim Aufschreiben mögliche Nachfragen, die von Ihrem Vorgesetzten zu erwarten sind.

Vereinbaren Sie ein zweites Gespräch mit Ihrem Vorgesetzten und teilen Sie ihm mit, welche Aufgaben Sie in Zukunft problemlos während der Ihnen zur Verfügung stehenden Arbeitszeit erledigen können und welche nicht. Überreichen Sie Ihrem Chef Ihre Prioritätenliste. Vielleicht ist Ihr Chef mit Ihrer Planung einverstanden, vielleicht hat er aber andere Vorstellungen. Wenn er nicht zustimmt, dann bestehen Sie darauf, dass er – in der gleichen Sorgfalt wie Sie – eine neue Übersicht erstellt, die Sie in einem weiteren Gespräch gemeinsam durchgehen. Es gilt, eine Vereinbarung zu finden, mit der

Das Prinzip der Schriftlichkeit ist das A und O jeder guten Selbstorganisation, denn:

- Was Sie aufgeschrieben haben, geht Ihnen nicht mehr verloren.
- Sie haben den Kopf frei und können sich auf andere Dinge konzentrieren.
- Durch Aufschreiben beenden Sie Gedankenspiralen und schaffen Klarheit über Ihre Ziele und anstehenden Aufgaben.
- Was Sie aufgeschrieben haben, hat eine gefühlsmäßig andere Bedeutung als ein Gedanke.
- Schriftliches Planen fördert Klarheit und lässt Sie Ihre Aufgaben konzentrierter und fokussierter durchdenken.

beide Seiten einverstanden sind. Vielleicht werden Sie aus beiden Prioritätenlisten eine neue Liste erstellen.

Sollte Ihr Vorgesetzter Sie nur mit Appellen »abspeisen« (nach dem Motto: »Wir alle müssen mehr machen, Sie werden das schon irgendwie schaffen«), dann weisen Sie Ihren Vorgesetzten unmissverständlich darauf hin, dass Sie noch keine Übereinkunft haben und bis zu einer gemeinsamen Verständigung Ihr Plan Gültigkeit hat. Gegebenenfalls ist es sogar hilfreich, Ihrem Chef eine kurze Gesprächszusammenfassung einschließlich Ihrer Prioritätenliste schriftlich – am besten per E-Mail – zukommen zu lassen.

3. Regelmäßiges Feedback

Wenn Ihr Vorgesetzter es nicht von sich aus tut, scheuen Sie sich nicht, ihn in die Pflicht zu nehmen und fordern Sie mindestens halbjährlich ein Feedback-Gespräch ein. Bereiten Sie sich auf dieses Gespräch vor, indem Sie Ihre Arbeit reflektieren unter folgenden Fragestellungen: Was ist mir in den letzten sechs Monaten gelungen? Was nicht? Was gilt es zu verbessern, zu verändern? Wo brauche ich von meinem Vorgesetzten Unterstützung? Schreiben Sie auf ein bis zwei DIN-A4-Seiten Ihre Reflexionen auf.

Beginnen Sie das Gespräch mit einem Dank, dass sich Ihr Vorgesetzter die Zeit für Sie genommen hat und berichten Sie ihm, wie Sie sich selbst in Ihrer Arbeit in den letzten sechs Monaten erlebt haben.

Überreichen Sie Ihre schriftlichen Ausführungen und bitten Sie Ihren Chef nun seinerseits um eine differenzierte Rückmeldung zu Ihrer Arbeit. Hören Sie aufmerksam zu und machen Sie sich Notizen.

Nachdem jeder von Ihnen die Gelegenheit hatte, seine Einschätzung zu Ihrer Arbeitssituation zu geben, erfolgt nun der Austausch darüber und wenn nötig, können neue Vereinbarungen getroffen werden. Vereinbaren Sie einen neuen Termin circa sechs Monate später.

Vielleicht denken Sie jetzt: »Das ist ja alles gut und schön, aber bei meinem Vorgesetzten ist ein solches Vorgehen undenkbar, ich würde Kopf und Kragen riskieren!«

Unser Vorschlag ist kein Manual, das Sie in der vorliegenden Weise abarbeiten müssen, damit es zum Erfolg führt. Wir wollen Sie mit unserer konkreten Ausführung zum Nachdenken bringen. Wer unter einem »zu

---

Timeout-Tagebuch

Gönnen Sie sich eine Bestandsaufnahme Ihrer beruflichen Situation.

- Was schätze ich an meinem Beruf und wofür bin ich dankbar?
- Womit bin ich unzufrieden?
- Was ist mir in den letzten sechs Monaten besonders gut gelungen?
- Was ist mir nicht gelungen?
- Was will ich verändern?
- Welche Unterstützung brauche ich von meinem Vorgesetzten bzw. von meinen Mitarbeitenden?
- Wie sieht mein nächster Schritt aus, damit ich mehr Freude an der Arbeit habe?

viel« leidet und sich anstrengt, es zu schaffen, der wird scheitern. Wer sich aber dafür entscheidet, sich die einzelnen Faktoren der überfordernden Situation bewusst zu machen, der hat damit schon den ersten Schritt in Richtung Veränderung getan. Unserer Erfahrung nach haben viele Mitarbeitende nicht wirklich einen Überblick über das Arbeitsvolumen, welches sie schaffen können. Auch kommt ihnen nicht in den Sinn, eigene Vorschläge zu erarbeiten und um ein Gespräch mit ihrem Vorgesetzten zu bitten.

Finden Sie sich daher nicht vorschnell mit Ihrer Situation ab, sondern loten Sie Ihre Handlungsspielräume aktiv aus und entwickeln Sie daraus Ihre ganz persönliche Variante, mit der Sie Ihr Arbeitspensum auf ein realistisches Maß in Einklang mit Ihren Energieressourcen bringen können.

Alles Leichte war schwer, bevor es leicht wurde!

Die meisten Menschen sehnen sich in ihrem Leben nach mehr Leichtigkeit. Wahrscheinlich geht es Ihnen genauso und Sie lesen das Buch in der Hoffnung, den einen oder anderen Anstoß zu finden, wie es auch in Ihrem Leben leichter werden kann. Bereits nach den ersten Seiten sind Sie auf die Timeout-Fragen gestoßen und am Ende jedes Kapitels auf die jeweilige Timeout-Übung. Wenn Sie unseren Anregungen gefolgt sind, haben Sie sich immer wieder die Zeit genommen, innezuhalten, Fragen zu beantworten und die Übungen zu machen. Spätestens jetzt dürfte Ihnen klar geworden sein, dass der Weg zu mehr Leichtigkeit keinesfalls immer »leicht« ist. Sie benötigen eine gehörige Portion Selbstvertrauen, Ausdauer und einen langen Atem, um am Ball zu bleiben. Alle Veränderungsprozesse, auch wenn sie Leichtigkeit zum Ziel haben, sind mit Arbeit verbunden.

Gewöhnlich tauchen schon nach einer ersten Phase der Hochstimmung Schwierigkeiten auf. Vielleicht haben Sie sich zu viel auf einmal vorgenommen. Vielleicht stellen sich die ersehnten Erfolge nicht schnell genug ein. Vielleicht bekommen Sie mehr Gegenwind zu spüren, als Sie vermutet haben. Wie dem auch sei – häufig werfen Menschen schon bei den ersten Herausforderungen die Flinte ins Korn und lassen sich in ihre alten Gewohnheiten zurückfallen.

Wer um die Dynamik von Veränderungsprozessen weiß, wird von dem Auf und Ab nicht überrascht sein. Er hat das tiefe Vertrauen, dass es nach dem Durchschreiten der Talsohle wieder aufwärts geht. Wenn Ihnen also irgendjemand weismachen will, Veränderungen könnten mühelos und leicht vonstatten gehen, dann verbreiten diese Menschen romantische Vorstellungen, die nichts mit der Realität zu tun haben. Fakt ist: Nachhaltige Veränderungen bestehen aus vielen kleinen Schritten und auch gelegentliche Rückschritte gehören selbstverständlich dazu. Entscheidend ist, die neu eingeschlagene Richtung beizubehalten!

Das Leben selbst in die Hand nehmen! – so lautet die Aufforderung dieses Kapitels. Die einzige Voraussetzung dafür ist, von der Unbewusstheit in die Bewusstheit zu gelangen. Sie sind nicht das Opfer von anderen Menschen oder Umständen, sondern wählen jeden Tag neu das, was jetzt in Ihrem Leben ist. Dieses bewusste Wählen ist aufregend, herausfordernd, setzt Kreativität frei und ist manchmal auch anstrengend. Auf jeden Fall ist es viel befriedigender als das Jammern und Klagen.

Es ist nie zu spät, sich für ein Leben in Bewusstheit, Freude und Selbstverantwortung zu entscheiden.

Timeout-Übung 4:

Achtsame Bewegungen

Gönnen Sie sich jetzt eine Zeit für *achtsame Bewegungen.*
Hören Sie auf der beiliegenden CD die Timeout-Übung 4.
Erlauben Sie sich immer dann eine Bewegungspause,
wenn Sie den Impuls dazu spüren und achten Sie bei allen
Bewegungen auf die Grenzen Ihres Körpers. Wenn Ihnen
das Stehen zu anstrengend wird, können Sie sich jederzeit auf einen Stuhl setzen und die Übungen im Sitzen ausführen. Lassen Sie sich Zeit, die Übung in Ruhe zu beenden.

5. Die Kraft der Achtsamkeit erleben

Nur die Gegenwart steht uns zum Leben zur Verfügung.
Jon Kabat-Zinn

Ein Leben in Leichtigkeit kann nur gelingen, wenn Sie bewusst im Hier und Jetzt leben, aufmerksam wahrnehmen, was von Augenblick zu Augenblick geschieht und mit sich selbst in einer freundlichen, wohlwollenden und liebevollen Weise umgehen.

Was hier so einfach in einem Satz gesagt ist, ist alles andere als leicht und selbstverständlich. Sie brauchen sich nur selbst zu beobachten. Jetzt gerade zum Beispiel lesen Sie diese Zeilen. Vielleicht sind Sie ja ganz präsent in diesem Moment und Ihre Aufmerksamkeit ist ausschließlich auf das Lesen ausgerichtet. Vielleicht entdecken Sie aber auch, dass Ihre Augen Wort für Wort aufnehmen, während Ihr Geist mit etwas ganz anderem beschäftigt ist. Möglicherweise überlegen Sie, was Sie heute noch alles erledigen wollen oder Sie hängen Tagträumen und Phantasien nach.

Wie ungestört sind Sie in diesem Moment? Vielleicht ist der Fernseher eingeschaltet oder im Hintergrund läuft Ihre Lieblingsmusik. Sind andere Menschen in Ihrer Nähe, mit denen Sie immer wieder kommunizieren, beispielsweise Ihre Kinder oder Ihr Partner? Möglicherweise »tun« Sie ja auch noch etwas, während Ihre Augen lesen? Mit der einen Hand halten Sie das Buch, mit der anderen streichen Sie sich über die Haare, bohren in der Nase, nippen an einem Getränk, greifen in schöner Regelmäßigkeit in eine Tüte mit Naschereien oder bedienen nebenbei Ihr Smartphone.

Vieles gleichzeitig zu tun ist für uns ganz normal. Den größten Teil unseres Tages verbringen wir unbewusst – im Zustand des »Autopiloten«. Vom Aufstehen bis zum Schlafengehen führen wir die meisten der täglich wiederkehrenden Tätigkeiten mechanisch aus, während unsere Aufmerksamkeit mit etwas vollkommen anderem beschäftigt ist. Nicht selten machen wir mehrere Sachen gleichzeitig und treiben uns innerlich zur Eile an. Am Ende des Tages fühlen wir uns leer, erschöpft und unzufrieden. Wir haben zwar gut funktioniert und vieles erledigt, waren aber nicht im Kontakt mit uns selbst – weder mit unserem Körper, unseren Gedanken, unseren Gefühlen noch mit unserem Atem.

Wenn wir beginnen, uns in Achtsamkeit einzuüben, bekommen wir häufig eine erste Ahnung davon, wie viel Unbewusstheit in unserem Leben ist. Gleichzeitig entdecken wir die Chance, das Leben in seiner ganzen Fülle zu erleben. Wir sind überrascht, wie viel Freude wir empfinden können, wenn wir Handlungen in vollem Bewusstsein ausführen. Und auch der Beginn eines Tages erscheint in einem neuen Licht. Jeder Tag ist eine neue Möglichkeit, sich voll und ganz auf den Zauber des Lebens einzulassen.

Wie Sie in den Tag starten, hat einen Einfluss darauf, wie der Tag weiter verlaufen wird. Je bewusster Sie den Tag beginnen, desto leichter wird es für Sie sein, nicht in den Alltagstrott zu fallen.

Die erste Timeout-Übung der beiliegenden CD ist das achtsame Innehalten. Diese Übung ist ein kleines Juwel der Achtsamkeitspraxis. Wir beginnen gerne unsere Seminare und Vorträge mit ihr, leiten sie auch im Verlauf der Arbeit immer wieder an und ermuntern unsere Teilnehmenden, sie in ihren Alltag zu integrieren. Wir laden auch Sie jetzt ein, sich Zeit für das achtsame Innehalten zu nehmen.

Wie sich in einem einzigen Tautropfen die ganze Umgebung spiegelt, so ist im achtsamen Innehalten alles enthalten, was Sie benötigen, um mehr Bewusstheit in Ihr Leben zu bringen. Alle vier Ebenen menschlichen Daseins werden in dieser Übung angesprochen: das Denken, die Gefühle, die Körperempfindungen und das Verhalten.

> Jede mit Bedacht und Ruhe ausgeführte Handlung hinterlässt ein Gefühl der Fülle und des Ausgefülltseins, das den gesamten Tagesablauf beeinflusst.
>
> *Daniel Odier*

Timeout Übung: Achtsames Innehalten

Spüren Sie die Körperhaltung, die Sie in diesem Moment eingenommen haben. Werden Sie sich bewusst, wie Sie liegen, sitzen oder stehen.

Richten Sie nun Ihre Aufmerksamkeit auf Ihre Gedanken. Vielleicht haben Sie gerade angenehme Gedanken oder unangenehme oder vielleicht auch gar keine Gedanken. Einfach wahrnehmen, was jetzt ist.

Richten Sie Ihre Aufmerksamkeit auf Ihre Gefühle. Nehmen Sie wahr, welche innere Stimmung gerade in Ihnen ist. Vielleicht erleben Sie Freude oder Langeweile, vielleicht auch Ablehnung oder Neugierde. Alles so willkommen heißen, wie es jetzt ist.

Richten Sie Ihre Aufmerksamkeit auf Ihre Körperempfindungen. Vielleicht spüren Sie gerade Anspannung, Druck oder Schmerzen, vielleicht Entspannung, Leichtigkeit oder irgendeine andere Körperempfindung. Alles so wahrnehmen und annehmen, wie es jetzt ist.

Beobachten Sie nun den Atem an Ihrer Bauchdecke. Nehmen Sie die Einatmung wahr, die Ausatmung und die Pausen dazwischen. Spüren Sie, wie es Sie von Augenblick zu Augenblick atmet.

Erweitern Sie nun Ihre Aufmerksamkeit, so dass Sie sowohl Ihre Atembewegungen als auch Ihren Körper als Ganzes wahrnehmen. Es gibt nichts zu tun, zu machen oder zu erreichen – einfach da sein, hier und jetzt.

In jeder Sekunde unseres Lebens gestalten wir – mehr oder weniger bewusst – diese vier Ebenen. Achtsamkeit entfaltet sich durch Innehalten und neugieriges Erforschen dessen, was sich auf den vier Ebenen abspielt. Und auch hier geht es wieder nur darum, aufmerksam wahrzunehmen ohne zu bewerten. Das ist gar nicht so einfach, denn wenn wir erst einmal damit anfangen, uns selbst zu beobachten, werden wir vieles an uns entdecken, was wir im Grunde unseres Herzens ablehnen. Die größte Herausforderung für die meisten Menschen besteht darin, wirklich nur wahrzunehmen und nicht zu beurteilen oder etwas anders haben zu wollen.

Das Denken erforschen

Schauen wir uns die Ebene des Denkens doch einmal genauer an. Irgendwann im Laufe unseres Lebens entdecken wir, dass wir denken. Wir machen uns Gedanken über uns selbst, über andere und über die Welt. Das Denken wird zu einem normalen und selbstverständlichen Vorgang, den wir üblicherweise nicht hinterfragen.

Unsere Gedanken entstanden in den ersten Lebensjahren, also in einem Alter, in dem wir extrem abhängig waren – zuerst von unseren Eltern, später auch von Lehrern und anderen Bezugspersonen. Wie für alle Kinder war es auch für uns überlebenswichtig geliebt, gesehen und anerkannt zu werden. Daher unternahmen wir alles, um das Wohlwollen und die Wertschätzung dieser Menschen auf uns zu ziehen. Vor allem haben wir deren Einschätzungen über uns, über andere Menschen und über die Welt übernommen.

> **Timeout-Tagebuch**
>
> Nehmen Sie sich Zeit und kommen Sie Ihrem Denken auf die Spur.
>
> - Woher kommen meine Gedanken?
> - Ist mein Denken mutig, vorsichtig, kreativ oder visionär?
> - Was denke ich über mich?
> - Was denke ich über die Menschen, die mir nahestehen?
> - Was denke ich über Menschen, die vollkommen anders leben als ich?
> - Was denke ich über die Welt, in der ich lebe?

Unsere Gedanken sind also gar nicht unsere Gedanken. Es sind die Gedanken derer, die für uns gesorgt haben, als wir das aus eigener Kraft noch nicht konnten. Und auch unsere Mütter und Väter haben das, was sie denken, übernommen von ihren Müttern und Vätern und so weiter. Über Generationen wurden so Sichtweisen über das Leben und die Welt in unbewusster Weise weitergegeben.

Diese Abfolge kann nur unterbrochen werden durch eine aktive »Gedanken-Inventur«. Der beste Zeitpunkt wäre der, wenn junge Menschen das Elternhaus verlassen. Würden sie sich jetzt die Zeit nehmen, bewusst zu entscheiden, welche Denkgewohnheiten sie übernehmen wollen und welche nicht, dann hätten sie die besten Voraussetzungen, wirklich ihr eigenes Leben zu gestalten.

In unserer Gesellschaft gibt es bislang noch keine Kultur für ein derartiges

»Innehalten« an der Schwelle zum Erwachsenwerden. Und so sind in den Köpfen der jungen Generation auch noch nach Jahren und Jahrzehnten die »ererbten« Denkmuster ihrer Eltern lebendig.

Häufig beginnen Menschen erst dann ihre Sichtweisen und Gedankenmuster zu hinterfragen, wenn ihr Leben aus den Fugen gerät – sei es durch eine schwere Krankheit, den Tod eines nahestehenden Menschen, den Verlust der Arbeit oder die Trennung vom Lebenspartner. Sie nehmen Coaching oder Psychotherapie in Anspruch und nicht selten führt dieser Bewusstwerdungsprozess zu einer Kurskorrektur.

> Der gesunde Menschenverstand besteht ausschließlich aus den Vorurteilen, die der Geist vor dem achtzehnten Lebensjahr verinnerlicht hat.
>
> *Albert Einstein*

Niemand muss warten, bis eine Krise da ist. Zu jeder Zeit steht es uns frei, unser Denken genauer unter die Lupe zu nehmen. Dabei können wir faszinierende Entdeckungen machen:

- Nicht ich denke, »es« denkt in mir.
- Ich kann nicht verhindern zu denken.
- Ich bin nicht meine Gedanken.
- Ich kann mich entscheiden, Gedanken nicht weiter zu denken.
- Die meisten meiner Gedanken sind negativ, verurteilend oder wertend.
- Ich muss nicht alles glauben, was ich denke.
- Ich kann mein Denken beobachten.
- Ich kann die Richtung meines Denkens steuern.

Die meisten Menschen sind überrascht, manchmal auch sehr erschrocken, wenn sie die Qualität ihres Denkens erforschen. Sie stellen fest, wie destruktiv und selbstzerstörerisch die meisten ihrer Gedanken sind, insbesondere die Gedanken über sich selbst. Schauen Sie doch mal, wie es bei Ihnen ist!

Bei allen Teilnehmenden unserer Seminare ist die Liste dessen, was sie an sich ablehnen, deutlich länger als die Liste der Eigenschaften, Merkmale und Verhaltensweisen, die sie an sich selbst schätzen und lieben. Hinzu kommt die ganze Palette der Schuldgefühle und Sorgen. Erinnerungen sind nicht selten von Schuldgefühlen begleitet und Zukunftsüberlegungen von Sorgen.

Weder das eine noch das andere hat Einfluss auf diesen Moment – das Vergangene ist Vergangenheit und auch die stärksten Schuldgefühle ändern nichts daran. Was die Zukunft betrifft, ist es genauso. Ganz gleich wie viele Sorgen Sie sich im Voraus machen, was einmal kommen wird, werden

---

Timeout-Tagebuch

Finden Sie heraus, was Sie über sich selbst denken.

- Was mag ich besonders gerne an mir?
- Was lehne ich an mir ab?
- Wofür verurteile ich mich?
- Was will ich unter keinen Umständen an mir verändern?
- Was hätte ich gerne anders an mir – an meinem Aussehen, meinem Verhalten, an meiner Art zu sein?

Sie damit nicht beeinflussen. Mit Ihren negativen Gedanken belasten Sie lediglich Ihre Innenwelt.

Die Kultivierung negativen Denkens hat weitreichende Konsequenzen: Wer negative Gedankenmuster über sich selbst und das Leben in die Welt setzt, der wird eine entsprechende Lebenswirklichkeit erschaffen. Warum sollten andere Menschen jemanden liebenswert finden, wenn derjenige selbst vom Gegenteil überzeugt ist? Ein Mensch kann noch so attraktiv sein, solange er glaubt, beim anderen Geschlecht aufgrund seines Aussehens keine Chancen zu haben, wird er jeden Annäherungsversuch zurückweisen, da er ihn nicht glaubt. Sein Gegenüber reagiert darauf, zieht sich zurück und der attraktive Mensch fühlt sich in seiner vermuteten Unattraktivität bestätigt. Bei Schuldgefühlen und Sorgen ist es genauso. Wer ein zutiefst negatives Bild von der Vergangenheit und der Zukunft hat, wird es sich von Menschen mit einer anderen Überzeugung nicht ausreden lassen.

> Wir sehen die Wirklichkeit nicht so, wie sie ist, sondern so, wie wir sind.
>
> *Leo Tolstoi*

Nicht nur die Gedanken über uns selbst sind oft destruktiv, in gleicher Weise denken wir auch über andere viel Negatives. Vorwürfe, Kritik, Beschuldigungen und Anklagen sind nichts anderes als negative Gedanken über andere Menschen. Wie viel wir mit derartigen Gedanken über uns selbst verraten, ist den meisten nicht bewusst. Es ist wie bei einem Blick in den Spiegel, bei dem Sie einen Pickel in Ihrem Gesicht entdecken. Ihr Spiegelbild hat den Pickel, aber nur, weil Sie ihn haben. Der Spiegel ist die Projektionsfläche, mit dessen Hilfe Sie erkennen können, wie Sie aussehen.

Das Phänomen der Gedankenspiegelung können Sie sich zunutze machen, wenn Sie wissen wollen, von welchen negativen Sichtweisen Ihr Denken bestimmt wird. Byron Katie[15] hat mit ihrer Selbsterforschungsmethode *The Work* einen einfachen und praktikablen Weg gefunden. Sie nimmt die negativen Gedanken über andere Menschen mit vier zentralen Fragen unter die Lupe und lädt zum »Spiel« mit den Umkehrungen ein. Diese Methode führt zu verblüffenden Erkenntnissen und trägt entscheidend dazu bei, eine Distanz zum eigenen Denken zu entwickeln. Der Verstand lernt auf diesem Weg, sich selbst zu verstehen.

Im ersten Schritt gilt es, sich eine belastende Situation ins Bewusstsein zu rufen, um die man gedanklich immer wieder kreist. Die Arbeit erfordert Stille und Kontemplation. Daher ist es hilfreich, die Augen zu schließen und die belastende Situation so konkret wie möglich vor dem inneren Auge auftauchen zu lassen. Man erinnert sich an den Ort, die Zeit, die Umgebung und an die eigene emotionale Stimmung. Zur Unterstützung dieses Prozesses hat Byron Katie einen Fragebogen zu sechs Aspekten entwickelt. Sie fordert dazu auf, bei der Beantwortung der Fragen bewusst auf Höflichkeit, Nettigkeit oder Weisheit zu verzichten und alle im Geiste vorhandenen Verurteilungen und Vorwürfe rund um die belastende Situation so präzise wie möglich zu formulieren.

Durch die Fragen konkretisiert sich ein »Hauptvorwurf« heraus, mit dem dann in einem zweiten Schritt weitergearbeitet wird. Ein Beispiel könnte der Vorwurf sein: Mein Partner hört mir nicht zu!

Schriftlich werden nun folgende vier Fragen beantwortet:

1. *Ist das wahr?* Lassen Sie aus Ihrem Inneren eine Antwort aufsteigen.
2. *Können Sie mit absoluter Sicherheit wissen, dass das wahr ist?* Lauschen Sie auf eine Antwort aus Ihrem Inneren, ob Sie sich zu 100 Prozent sicher sein können, dass Ihr Partner Ihnen wirklich nicht zuhört, auch wenn es nach außen so scheint.
3. *Wie reagieren Sie, wenn Sie diesen Gedanken glauben?* Malen Sie sich genau aus, was passiert, wenn Sie z. B. Ihrem Partner etwas erzählen wollen und er vermittelt Ihnen den Eindruck, als würde er Ihnen nicht zuhören. Was genau denken Sie? Was empfinden Sie? Vielleicht spüren Sie Wut oder Sie sind frustriert. Was tun Sie? Möglicherweise schauen Sie Ihren Partner mit einem bestimmten Blick an, der »Bände spricht«. Vielleicht versuchen Sie auch, Ihren Partner in irgendeiner Form zu ändern. Wie fühlt sich diese Reaktion an? Bringt der Ausgangsgedanke Frieden oder Stress in Ihr Leben? Lauschen Sie bei allen Überlegungen in der Stille nach innen.
4. *Wer wären Sie ohne den Gedanken?* Schließen Sie Ihre Augen. Visualisieren Sie sich in die Gegenwart Ihres Partners und stellen Sie sich vor, wie es wäre, wenn Sie den Gedanken »Mein Partner hört mir nicht zu!« für einen Moment nicht hätten. Was genau sehen Sie?

Die vier Fragen helfen, den subjektiven Wahrheitsgehalt des Urteils zu überprüfen, sich über die Auswirkungen klar zu werden, die der Gedanke hat und Abstand von ihm zu gewinnen.

Im dritten Schritt geht es darum, Umkehrungen für den Ausgangsgedanken zu finden. Dies kann beispielsweise eine Umkehrung zu mir selbst sein *(Ich höre mir nicht zu!)*, eine Umkehrung zu einer anderen Person *(Ich höre meinem Partner nicht zu!)*, oder eine Umkehrung ins Gegenteil *(Mein Partner hört mir zu!)*.

Zu jeder gefundenen Umkehrung gibt es nun die Aufforderung, mindestens drei Beispiele aus Ihrem Leben zu finden, die die Wahrheit der Umkehrung bestätigen. Es können ruhig kleine Beispiele sein, Hauptsache ist, sie sind konkret vorgefallen.

> Entweder Du glaubst, was Du denkst oder Du stellst es in Frage. Es gibt keine andere Wahl.
>
> *Byron Katie*

Im Fall der ersten Umkehrung würde jemandem vielleicht folgende Begebenheit einfallen: »Beim Frühstück heute morgen hatte ich plötzlich Lust, noch einen Saft zu trinken, doch ich war zu faul aufzustehen und ihn mir aus dem Kühlschrank zu holen. Ich habe mir selbst und meinen Bedürfnissen nicht zugehört.«

Ein Beispiel für die Konkretisierung der zweiten Umkehrung könnte sein: »Als mein Partner mir heute ausführlich vom Elternabend erzählte, habe ich ab und an zustimmend genickt, damit er glaubte, ich würde ihm zuhören. In Wirklichkeit war ich in Gedanken jedoch ganz woanders.«

Die letzte Umkehrung könnte die Erinnerung an ein Gespräch über eine stressige Situation am Arbeitsplatz wachrufen, bei der der Partner durch zutreffende Bemerkungen und gezieltes Nachfragen sein präzises Zuhören deutlich machte.

Jede scheinbar noch so unbedeutende Situation, die Ihnen aus Ihrem

Leben zur Bestätigung einer Umkehrung einfällt, ist ein wichtiger Schritt in Richtung größerer, innerer Freiheit.

Das einfache System der Selbsterkenntnis von Byron Katie ist eine gute Möglichkeit, die eigenen Gedanken über Menschen und Situationen zu untersuchen. Sie bekommen andere Betrachtungsebenen in den Blick und erkennen die eigenen Anteile. Auch bei festgefahrenen Denkmustern können Sie neue Ideen entwickeln und scheinbar aussichtslose Situationen durch Handlungsalternativen entschärfen – Sie selbst kommen wieder ans Steuerrad Ihres Lebens!

Wenn Sie damit beginnen, Ihr Denken zu erforschen, werden Sie feststellen, dass Sie anfangs häufig erst im Nachhinein eine innere Distanz zu Ihrem Denken herstellen. Je häufiger Sie jedoch innehalten und wahrnehmen, was »es« gerade in Ihnen denkt, desto selbstverständlicher können Sie mit der Zeit bereits im Denkvorgang zwei verschiedene Ebenen unterscheiden.

Neben der Ebene, auf der wir einen Gedanken denken, verfügen wir über die Fähigkeit, auf einer zweiten Ebene mit Hilfe eines »inneren Beobachters« wahrzunehmen, wie der Gedanke entsteht, welche Qualität er hat und wie er wieder vergeht. Diese Differenzierung schafft einen heilsamen Abstand zu unseren Gedanken, weil wir uns nicht mehr so stark mit ihnen identifizieren. Außerdem sind wir in der Lage, unsere Gedanken zu hinterfragen und eine gelassenere Haltung zu ihnen zu entwickeln.

> Gedanken sind keine Tatsachen und wir sind nicht unsere Gedanken.
>
> *Mark G. Williams*

Meditative Übungswege, wie beispielsweise die Sitzmeditation, bieten eine gute Gelegenheit, den »inneren Beobachter« in einem geschützten Raum zu kultivieren, so dass es dann auch im Alltag immer besser gelingt, die Gedanken zu beobachten und zu hinterfragen.

Das Fühlen erforschen

Üblicherweise sind wir sehr einverstanden, wenn wir angenehme Gefühle wahrnehmen. Wir wollen sie festhalten und nicht selten auch noch verstärken.

Sobald jedoch unangenehme Gefühle auftauchen, unternehmen wir alles Mögliche, um sie nicht spüren zu müssen. Wir drängen sie weg, indem wir uns ablenken durch Essen, Trinken, Rauchen, Sport, Telefonieren, Einkaufen, Sex, Fernsehen, Internet usw. Doch unangenehme Gefühle sind hartnäckig. Sie nutzen die kleinste Gelegenheit, um sich wieder auszubreiten. Je häufiger wir sie unterdrücken, desto stärker präsentieren sie sich beim nächsten Mal und wir wenden noch mehr Kraft für die Abwehr der Gefühle auf.

Wir kennen eine ganze Bandbreite von ungeliebten Gefühlen. Dazu zählen Einsamkeit, Angst, Trauer, Wut, Hass, Ohnmacht, Scham, Schuld, Trotz und Verachtung. Sobald eines dieser Gefühle in uns hochkommt, machen wir gerne andere Menschen dafür verantwortlich. So sind wir z. B. davon überzeugt, der Partner, die Schwiegermutter, der Chef, der ungeliebte Nachbar oder sonst jemand wäre der Verursacher unserer schlechten Stimmung. Wir glauben, es würde uns besser gehen, wenn der andere nicht so wäre, wie er ist.

Wenn wir Bewusstheit in unser Fühlen bringen, fällt es uns leichter zu erkennen, dass andere Menschen nur deshalb unangenehme Gefühle in uns auslösen können, weil die unangenehmen Gefühle bereits in uns vorhanden sind. Die anderen Menschen drücken lediglich unsere »Knöpfe«.

John Gray illustriert dies an einem eindrücklichen Bild: »Stellen Sie sich vor, jemand streift Ihren Arm oder stößt Sie auf der Straße aus Versehen an. Es tut nicht besonders weh. Jetzt stellen Sie sich vor, Sie haben eine offene Wunde oder eine wunde Stelle, und jemand streift Sie dort oder stößt Sie an. Das tut weh. Genauso sind wir, wenn ungelöste Emotionen aus der Vergangenheit in unser Leben treten, besonders sind wir durch die normalen Reibereien einer Beziehung verletzlich.«[16]

90 Prozent aller auftauchenden unangenehmen Gefühle bei Erwachsenen haben nichts mit der aktuellen Situation zu tun. Es handelt sich um unterdrückte Gefühle aus der Vergangenheit, die bei einer halbwegs passenden Gelegenheit zum Vorschein gekommen sind.

Aus den unterschiedlichsten Gründen haben wir in der Vergangenheit viele Gefühle nicht unmittelbar gelebt. Als Kinder wurden wir beispielsweise sanktioniert, wenn wir Gefühle zum Ausdruck brachten, die den Erwachsenen unangenehm waren. Insbesondere auf kindliche Äußerungen von Wut, Hass und Trotz reagierten sie, indem sie uns maßregelten. Zeigten wir Angst, Eifersucht oder Trauer, lenkten sie uns ab, nicht selten mit einer Süßigkeit. Mit der Zeit haben wir so gelernt, bestimmte Gefühle besser nicht zum Ausdruck zu bringen und je häufiger wir dies taten, desto perfekter gelang es uns.

Bald versuchten wir unsere Gefühle nicht nur vor anderen zu verbergen, wir wollten sie auch selbst nicht mehr haben. Und so wenden wir viel Kraft und Lebensenergie auf, um die ungeliebten Gefühle gar nicht erst fühlen zu müssen. Wir legen uns »ein dickes Fell zu« oder fressen alles in uns hinein. Beides geht zu Lasten unserer Leichtigkeit und Herzlichkeit und unser Körper reagiert mit Beschwerden und Krankheiten. Die Gefühle sind aber nicht wirklich verschwunden. Runtergeschluckt und in uns hineingefressen sind sie weiterhin lebendig. Sie nutzen jede Gelegenheit, um zum Vorschein zu kommen. Sobald eine aktuelle Situation eine ähnliche emotionale Qualität hat wie die damalige Begebenheit, in der die Gefühle unterdrückt wurden, zeigen sie sich.

Wir selbst bekommen dies meist gar nicht so genau mit, wohl aber die Menschen, auf die das Ausbrechen unserer unterdrückten Gefühle abzielt. In unserer Reaktion sind wir ihnen gegenüber unangemessen reizbar, emotional aufgeladen und streitsüchtig. Je häufiger wir bestimmte Gefühle unterdrücken, je mächtiger entladen sie sich bei kleinsten Gelegenheiten. Manchmal geraten sie auch außer Kontrolle und wir lassen uns zu extremen Gefühlsausbrüchen hinreißen.

Es gibt einen Weg, mit dem wir diese Abwärtsspirale stoppen und langfristig umkehren können. Vermutlich ahnen Sie es schon: Der Weg heißt – wieder einmal – Achtsamkeit! Wir können lernen, unsere Gefühle mit Hilfe des inneren Beobachters zu erforschen. So ist es möglich, bereits in der jeweiligen Situation mitzubekommen, ob und wie stark eine Gefühlsempfindung aus der Vergangenheit heraus gespeist ist. Und wir können lernen, all unsere Gefühle willkommen zu heißen und bejahend anzunehmen.

Vielleicht fragen Sie sich, wie das denn gehen soll? Unangenehme Gefühle als solche erkennen, sie dann auch noch willkommen zu heißen und zum guten Schluss bejahend zu akzeptieren.

Diana und Michael Richardson haben ein ganzes Buch[17] zum Thema Gefühle geschrieben, in dem wir viele Antworten gefunden haben, wie Gefühle erkannt, angenommen und gelebt werden können. Unter anderem legen die Autoren dar, wie man die alten aufgestauten Gefühle von aktuellen Gefühlen unterscheiden kann. Zum besseren Verständnis verwenden sie die unterschiedlichen Worte »*Emotionen*« und »*Gefühle*«. *Emotionen* sind gespeist aus der Vergangenheit. Sie kommen in unangemessen heftiger Weise in der Gegenwart zum Vorschein. Wer sie zeigt, scheint »neben sich« zu stehen. Er ist verschlossen und weder mit sich noch mit seinem Gegenüber in Kontakt. *Gefühle* entspringen aus konkreten aktuellen Situationen. Wer sie zum Ausdruck bringt, wirkt offen, verletzlich und sowohl mit sich als auch mit seinem Gegenüber verbunden. Wer in der *Emotion* gefangen ist, fühlt sich körperlich häufig wie gelähmt, er ist selbstgerecht, streitsüchtig, macht seinem Gegenüber Vorwürfe und gibt ihm die Schuld an der Situation. Sein Ziel ist es, den anderen zu ändern. Wer dagegen aus dem *Gefühl* heraus agiert, zeigt sich offen, verständnisvoll, spricht über sich selbst und ist an einem Austausch mit seinem Gegenüber interessiert.

Sollten Sie sich selbst nicht im Klaren darüber sein, ob Sie von verdrängten Emotionen bestimmt werden, dann können Sie dies sehr leicht überprüfen. Beobachten Sie einfach Ihre Reaktion auf die Menschen, die Ihnen im Alltag begegnen. Sobald Sie einen Menschen nicht leiden können, weil er Sie aufregt, dann können Sie davon ausgehen, dass dieser Mensch unterdrückte Gefühle in Ihnen aktiviert. Robert Betz[18] benutzt eine sehr bildhafte Bezeichnung für diese Menschen – er nennt sie »Arsch-Engel«. Er greift damit die zwei gegensätzlichen Anteile auf. Im Ausdruck »Arsch« wird prägnant deutlich, wie wir den Menschen, der uns auf 180 bringt, laut oder auch insgeheim bezeichnen. Der Ausdruck »Engel« steht für die segensreiche Möglichkeit, in der Spiegelung durch eben diesen Menschen etwas

> **Timeout-Tagebuch**
>
> Gönnen Sie sich Zeit und beschäftigen Sie sich mit den »Arsch-Engeln« Ihres Lebens.
>
> - Welche »Arsch-Engel« sind mir in der letzten Zeit begegnet?
> - Welche Emotionen lösen diese Personen in mir aus?
> - Was haben diese Gefühle mit mir zu tun?
> - Was kann ich konkret für mich tun, um den verdrängten Gefühlen Raum zu geben und sie bejahend zu fühlen?

über uns selbst zu erfahren. Während wir innerlich auf Distanz gehen, wenn wir einen Menschen als »Arsch« titulieren, schafft die Wortkombination »Arsch-Engel« Offenheit. Auch wenn wir unsere Projektion noch nicht klar erkennen, erlauben wir uns durch die neue Bezeichnung die Möglichkeit ihres Vorhandenseins.

Wenn Sie sich das nächste Mal dabei »erwischen«, wie Sie einen Menschen als »Arsch« abtun, dann ergänzen Sie gedanklich das Wort »Engel«. Sie werden spüren, wie diese Bezeichnung sofort ein neues Licht auf die Situation wirft. Nicht selten entlockt der Ausdruck »Arsch-Engel« – sobald er bewusst gedacht wird – ein Schmunzeln. Und schon haben Sie die Blickrichtung verändert – Sie schauen nicht mehr ausschließlich auf den anderen, Sie schauen auf sich.

Nicht immer gelingt es so leicht, aus einer emotionalen Verstrickung mit einem anderen Menschen herauszukommen. Doch wer sich auf den Weg machen will, sich seinen Gefühlen mit mehr Bewusstheit zuzuwenden, dem stehen die drei folgenden Schritte offen.

Der erste Schritt ist die *Selbsterforschung*. Ich nehme unliebsame Gefühle wahr und erkenne mich selbst als Urheber dieser alten, abgelehnten Gefühle. Nicht der andere ist »schuld« an meiner Verletzung, er ist nur der Auslöser. Die Quelle meines Leidens sind meine in der Vergangenheit verdrängten Gefühle, die jetzt zum Vorschein kommen. Ich übernehme die Verantwortung für meine Gefühle.

> Akzeptanz hat nichts mit Resignation oder Stagnation zu tun, denn auf das Annehmen folgt die Veränderung ganz von selbst.
>
> *Christopher Germer*

Der zweite Schritt ist der *Rückzug*. Ich teile meinem Gegenüber mit, dass ich »emotional« bin und Zeit für mich brauche. Ich ziehe mich aus der aktuellen Situation zurück.

Im dritten Schritt geht es um die *Transformation* der abgelehnten alten Gefühle. Hier stehen drei Wege zur Verfügung, die je nach Situation und eigener Befindlichkeit einzeln oder in Kombination eingesetzt werden können.

- Über den Kopf können Sie einen Zugang zu Ihren Gefühlen bekommen, indem Sie ein Arbeitsblatt[19] von Byron Katie ausfüllen. Nehmen Sie sich ein Blatt Papier und beantworten Sie die folgenden Fragen schriftlich: Was genau verursacht Ihnen Stress, Kummer oder Schmerz? Wie soll sich Ihr Gegenüber ändern? Was genau wollen Sie von Ihrem Gegenüber, was soll

Ihr Gegenüber tun, denken, fühlen oder sagen? Welchen Rat haben Sie für Ihr Gegenüber? Was genau hätten Sie sich von Ihrem Gegenüber in der Situation gewünscht? Was denken Sie über Ihr Gegenüber? Was wollen Sie nie wieder mit dieser Person erleben?

Für die weitere Selbsterforschung können Sie die Anregungen nutzen, die wir auf S. 90 ff. über die Arbeit von Byron Katie beschrieben haben.

- Über den Körper können Sie Zugang zu Ihren Gefühlen bekommen, indem Sie sich aktiv um Ihren Körper kümmern. Sie können z. B. ein großes Glas Wasser trinken, ausgiebig duschen, Holz hacken, laut schreien, auf ein Kissen einschlagen oder den Körper eine Zeit lang bewegen, indem Sie joggen, springen oder sich schütteln. Auf diese Weise wirken Sie dem Bedürfnis nach Rückzug und Ablenkung entgegen und Sie schaffen gleichzeitig einen Raum, in dem sich Ihre unterdrückten Gefühle zeigen und ausdrücken können. Sie spüren die Kraft der Wut, des Ärgers, der Eifersucht usw. Auch wenn es nicht angenehm ist, bleiben Sie dabei und lassen Sie alle Gefühle zu, die zum Vorschein kommen. Sie werden bemerken, wie sich diese Gefühle mit der Zeit verändern. Und Sie werden spüren, wie Sie wieder lebendiger und präsenter werden.

In den Veröffentlichungen von Diana und Michael Richardson finden Sie eine Fülle von weiterführenden Hinweisen über den konstruktiven Umgang mit Gefühlen, insbesondere in den Bereichen Liebe und Sexualität.[20]

- Zugang zu Ihren Gefühlen über das Herz bekommen Sie, wenn Sie bewusst in die Stille gehen. Nehmen Sie sich Zeit und den Raum, um Ihr Gefühl zu *fühlen*. Richten Sie Ihre Aufmerksamkeit auf Ihren Atem. Atmen Sie bewusst tief und sagen Sie ›Ja‹ zu Ihrem Gefühl. Ganz gleich, wie es sich zeigt. Erlauben Sie Ihrem Gefühl, da zu sein, ohne irgendetwas im Außen zu unternehmen. Innerlich können Sie den Prozess unterstützen, indem Sie beispielsweise gedanklich folgende Worte sprechen: »Mein Gefühl (z. B. Ärger, Wut, Traurigkeit) ist willkommen und darf jetzt da sein. Ich sage ›Ja‹ zu Dir und ich bin bereit, Dich zu fühlen.« Beobachten Sie, wie sich Ihr Gefühl zeigt, ob und wie es sich verändert. Es gibt nichts zu tun oder zu erreichen – es geht einfach darum, mit dem zu sein, was jetzt ist.

Weitere Anregungen zum bejahenden Fühlen ungeliebter Gefühle finden Sie in den Veröffentlichungen von Robert Betz, insbesondere in seinen Meditations-CDs.[21]

Der Weg zu mehr Leichtigkeit, Lebendigkeit und Heiterkeit führt nicht über die Ablehnung der Gefühle, sondern über deren Akzeptanz.

Den Körper erforschen

Für die meisten von uns ist der Körper nicht nur selbstverständlich da, es ist genau so selbstverständlich, dass er funktioniert. Solange uns nichts wehtut, unser Körper ohne Probleme Nahrung aufnehmen und verdauen kann, wir einen erholsamen Schlaf haben und wir uns ohne nennenswerte Einschränkungen bewegen können, kommt uns nicht in den Sinn, das Wunderwerk unseres Körpers zu würdigen. Im Gegenteil: Viele Menschen sind schon unzufrieden mit ihrem äußeren Erscheinungsbild. Beim täglichen Blick in den Spiegel haben sie alles Mögliche an sich auszusetzen. Manchmal ist es geradezu kurios, wie abwertend selbst die schönsten Menschen über ihr Aussehen reden oder im Stillen denken. Aber auch unter den »normal« aussehenden Menschen findet sich kaum jemand, der oder die den eigenen Körper uneingeschränkt schön findet.

Unser äußeres Erscheinungsbild verändert sich nicht nur mit den Jahren des Älterwerdens. Es ist auch abhängig von unserer inneren Stimmung. Sie kennen Situationen, in denen Ihnen jemand anderes sagt: »Wow, heute siehst Du aber gut aus! Was ist denn mit Dir los?« oder das Gegenteil: »Du siehst aber gar nicht gut aus heute! Ist irgendwas mit Dir?«

Je nachdem wie es uns geht, ist dies nach außen deutlich sichtbar. Die Augen strahlen oder sind matt, die Mundwinkel leicht nach unten hängend oder nach oben gezogen, die Haut durchblutet oder fahl. Unser Aussehen ist abhängig von unserer inneren Stimmung – mit dem Körper strahlen wir aus, wie es uns geht. Und wie es uns geht, hat damit zu tun, was wir über unseren Körper und damit über uns selbst denken.

Menschen sind in der Lage, die jeweilige Ausstrahlung von anderen sehr präzise wahrzunehmen und sie reagieren entsprechend darauf. Was die Einschätzung von uns selbst angeht, fällt es uns schwer, unvoreingenommen zu sein, insbesondere dann, wenn wir mit unserem Körper und unserem Aussehen hadern. Der Körper spiegelt uns das Verhältnis, das wir zu ihm haben, sehr deutlich zurück. Wir müssen nur »hinsehen«. Die »ungeliebten« Bereiche unseres Körpers sind die Bereiche, die wir nicht gerne anschauen. So gut es geht, verstecken wir diese Bereiche unter »kaschierender« Kleidung oder »vorteilhafter« Frisur. Darüber hinaus wenden wir sehr viel Energie auf, um den Körper so zu formen, wie wir ihn haben wollen. Angefangen von Kosmetik über die Veränderung der natürlichen Haarfarbe – vor allem, wenn sich die ersten grauen Haare zeigen – bis hin zur plastischen Chirurgie, dem erbitterten Kampf gegen überzählige Pfunde

> Es ist nicht so, dass Sie einen schönen Körper *besäßen*; Sie sind Ihr Körper; ihn nicht zu mögen, heißt in Wirklichkeit, sich nicht als menschliches Wesen zu akzeptieren.
>
> *Wayne W. Dyer*

oder dem ehrgeizigen Formen des Körpers im Fitness-Studio. Wer Bereiche seines Körpers oder seinen gesamten Körper ablehnt, lehnt damit auch sich selbst – in Teilen oder sogar ganz – ab.

Unsere Ausstrahlung ist die direkte Antwort unseres Körpers auf das, was wir von uns selbst denken. Der Körper hat jedoch noch weitere Möglichkeiten, um sich auszudrücken. Alle körperlichen Empfindungen sind »Signale«, mit denen unser Körper auf sich aufmerksam machen will. Kontinuierlich sendet er entsprechende Hinweise aus, mit denen wir unserer inneren Befindlichkeit auf die Spur kommen können. In unserer Alltagssprache haben wir eine Reihe von Redewendungen, die das Zusammenspiel zwischen Körper und Seele ganz selbstverständlich beschreiben. »Das ist mir auf den Magen geschlagen«, »Mir kocht die Galle über«, »Ich habe Schmetterlinge im Bauch«, »Das verschlägt mir die Sprache«, »Mir sitzt ein Kloß im Hals«, »Mein Herz hüpft vor Freude«. Sicher können auch Sie sofort nachvollziehen, wie sich Menschen – körperlich und seelisch – fühlen, wenn sie eine dieser Redewendungen benutzen.

Doch nicht immer ist es so leicht, die Signale unseres Körpers zu verstehen. Vor allem unangenehme Körperempfindungen wollen wir nicht wahrnehmen. Solange die Hinweise nur »leise« sind, besteht eine Tendenz, sie zu übergehen. Wir nehmen leichte Unannehmlichkeiten in Kauf und machen einfach weiter wie bisher. Doch der Körper lässt sich nicht einfach so zum Schweigen bringen. Je mehr wir seine Sprache ignorieren, desto deutlicher werden seine Signale. Zuerst ist es vielleicht nur die »dumpfe« körperliche Ausstrahlung, die wir haben. Später kommen Antriebslosigkeit, Schlaflosigkeit und Schmerzen in einzelnen Körperregionen dazu. Wenn wir unserem Körper dann immer noch keine Aufmerksamkeit schenken, werden die Signale deutlicher. Notfalls zieht der Körper die »Notbremse« und wir bekommen es mit Symptomen zu tun, die wir nicht mehr so ohne Weiteres übergehen können. Seien es starke Schmerzen, massive Einschränkungen der Bewegungsfähigkeit oder das Auftreten unkontrollierbarer Ängste. Für denjenigen Menschen, der so »ausgebremst« wird, ist dies sehr unangenehm, denn er kann definitiv nicht mehr weitermachen, als ob nichts wäre. Der Körper erzwingt ein »Innehalten«. Üblicherweise konsultieren Menschen in dieser Situation einen Arzt mit der Bitte, sie möglichst schnell wieder herzustellen und die unangenehmen Körpersignale zu beseitigen.

> Krankheiten sind immer nur ein Signal, dass man einen Lernprozess zu absolvieren hat – die Aufforderung, etwas im Leben zu ändern – eine Warnung, dass der derzeitige Weg nicht sinnvoll ist.
>
> *Renate und Eckhard Moog*

Seit einigen Jahren wächst die Zahl der Ärzte und Psychotherapeuten, die ihre Patienten auf das Zusammenspiel zwischen Psyche und Körper aufmerksam machen. Für viele Krankheiten lassen sich keine organischen Ursachen finden, sie sind psychosomatisch. Die Seele verschafft sich durch die Krankheit Gehör. Ruediger Dahlke bezeichnet Krankheiten als *Sprache der Seele*. Wenn wir anfangen, stärker auf die Sprache unserer Seele zu hören, werden viele Krankheiten überflüssig. Wer in einer liebevollen Weise mit sich umgeht, sich regelmäßig Zeit für das eigene Innenleben nimmt und im bewussten Kontakt ist mit den eigenen Gedanken und Gefühlen, der wird wahrscheinlich weniger Zeit in Krankheiten »investieren« müssen als jemand, der in Unliebe mit sich lebt.

Vielleicht kennen auch Sie Phasen in Ihrem Leben, in denen Sie krank sind, weil Ihnen einfach alles zu viel ist. Auf einer tiefen unbewussten Ebene entscheiden wir uns manchmal für das Krankwerden, um so Zeit für uns zu bekommen. Eine sichtbare Krankheit hat in unserer Gesellschaft eine höhere Akzeptanz als die bewusste Beschäftigung mit sich selbst. Wer krank ist, bekommt im Regelfall menschliche Zuwendung und wird geschont. Mit einer ärztlichen Diagnose wie Bandscheibenvorfall, Erschöpfungsdepression, Hörsturz usw. erhöht sich der Krankheitsgewinn für Menschen, die einer nichtselbstständigen beruflichen Tätigkeit nachgehen. Sie werden nämlich für einen unter Umständen sehr langen Zeitraum ohne finanzielle Einbußen von ihrer Arbeit freigestellt. Wer sich jedoch bewusst Zeit für sich selbst nimmt, ohne entsprechend eindrückliche körperliche Symptome produziert zu haben, stößt im Regelfall auf gesellschaftliches Unverständnis. So werden z. B. die freiwillige Reduzierung der Arbeitszeit, eine Psychotherapie oder regelmäßige Auszeiten in Form von Achtsamkeitsseminaren immer noch von vielen Menschen belächelt oder sogar abwertend kommentiert. Es sind nicht selten genau die Menschen, die selbst keinerlei Erfahrung mit bewussten Zeiten der Reflexion und Stille haben und die damit über Dinge urteilen, die sie nicht kennen.

Ganz gleich, in welcher körperlichen Verfassung wir uns befinden, ob wir krank oder gesund sind, ob wir unter Verspannungen leiden, erschöpft sind oder voll im »eigenen Saft« stehen – wir haben einen erheblichen Anteil an unserem jeweiligen körperlichen Zustand. Die Art, wie wir über uns selbst denken, wie wir leben und wie wir mit uns umgehen, beeinflusst unser körperliches Befinden.

Auch in Zeiten der Krankheit haben Sie die Wahl: Sie können sich für Unbewusstheit entscheiden und den Arzt bitten, so schnell wie möglich die Symptome Ihrer Krankheit zu beseitigen. Obwohl Ärzte mittlerweile ausreichend konkrete Hinweise geben, mit denen ihre Patienten ihr Leben verändern könnten, führen die meisten Menschen ihr gewohntes »krankmachendes« Leben fort, sobald sie wieder »instand« gesetzt sind.

> Anstatt also Patienten mit Medikamenten zu füttern, sollte man ihnen zunächst einmal klar machen, dass die Überspannungen, von denen sie heimgesucht werden, aus ihnen selbst und ihrer Lebensweise erwachsen.
>
> *Edmund Jacobsen*

Sich für Bewusstheit zu entscheiden bedeutet, sich dem zuzuwenden, was verdrängt und vermieden wurde. Sie können die Gelegenheit der Krankenzeit nutzen, um auf die Signale des Körpers zu hören und zu verstehen, welche Botschaft Ihr Körper für Sie bereit hält. Die Veröffentlichungen von Ruediger Dahlke *Krankheit als Sprache der Seele* und *Krankheit als Symbol* können sehr unterstützend sein, die eigenen körperlichen Krankheitssymptome deuten zu lernen. Jede Krankheit kann so zu einer wichtigen Lernchance werden, bei der es nicht um Be-*Wertung* und Schuld, sondern um Be-*Deutung* und Übernahme von Verantwortung geht.[22]

Durch die Krankheit erhalten wir die Gelegenheit, uns mit uns selbst in einer Weise zu beschäftigen, wie wir es im normalen Alltag nicht getan hätten.

Ein schmerzender, schwacher Körper sehnt sich nach liebevoller Aufmerksamkeit, Geduld und Fürsorge wie ein kleines Kind. Jede Zurückweisung wird mit noch stärkeren Schmerzen und größerer Schwäche beantwortet. Wer sich in der Krankheit jedoch mit einer Haltung liebender Annahme begegnen kann, wird erleben, wie wohltuend und entspannend dies ist.

Im Umgang mit dem Thema »Den Körper erforschen«, existieren zwei polarisierende Sichtweisen. Es gibt diejenigen, die keinerlei Zusammenhang zwischen ihrer Lebensweise und ihren Krankheitsbildern herstellen und die anderen, die fasziniert sind von der Deutbarkeit körperlicher Symptome. Wo erstere sämtliche Verantwortung ohnmächtig ablehnen, übernehmen letztere diese komplett, was in einer Auffassung gipfelt, alles sei machbar. Unserer Erfahrung nach sind viele körperliche Symptome und Krankheiten Ausdruck mangelnder Achtsamkeit und Unbewusstheit. Doch nicht immer erschließt sich uns der Zusammenhang. Trotz größter Offenheit und dem Verstehenwollen gibt es Momente, in denen wir einfach nur im Nicht-Wissen sind. Insbesondere in Phasen schwerer Krankheit oder angesichts des Todes erfahren wir die Grenzen von Verstehenkönnen und Tätigsein im Außen ganz unmittelbar. Es geht nur noch darum, innerlich bescheiden zu werden, ins Nicht-Wissen einzuwilligen und den Weg der Krankheit menschlich zu tragen oder zu begleiten. Ein sehr bewegendes Beispiel ist das persönliche Buch von Ken Wilber *Mut und Gnade*[23], in dem er die Krebskrankheit seiner Frau und den gemeinsamen Weg bis zu ihrem Tod in sehr anrührender Weise beschreibt.

Auch im Alltag ist das aufmerksame *In-Kontakt-Sein* mit dem eigenen Körper nicht selbstverständlich. Wie oft hören wir von Teilnehmenden: »Ich war den ganzen Tag so beschäftigt, dass ich ganz vergessen habe, etwas zu trinken, geschweige denn, etwas zu essen.« Ein Auto, das nicht rechtzeitig aufgetankt wird, bleibt einfach stehen. Mit verunreinigtem oder gar falschem Kraftstoff betankt, geht es kaputt. Unser Körper reagiert nicht so rigoros. Er funktioniert auch, wenn wir ihn nur unzureichend mit Nahrung, Schlaf und Bewegung versorgen.

In den meisten Veröffentlichungen zum Thema Stresskompetenz geht es um drei Bereiche: Entspannung, Ernährung und Bewegung. Angesichts einer Fülle von Hinweisen zu allen drei Aspekten verlieren wir leicht aus dem Blick, wie wenig tatsächlich nötig ist, um mit dem Körper gesund und vital zu bleiben.

Entspannung ist der notwendige Gegenpol zur Anspannung. Bereits 15 Minuten bewusste Entspannung täglich ist die Basis für eine grundlegend andere Lebensbewegung. Schenken Sie sich daher mindestens einmal am Tag eine Viertelstunde Zeit für sich. Ob Sie in dieser Zeit Entspannung, Körperbewegungen, Gehen oder Sitzen in Achtsamkeit praktizieren, ob Sie in voller Aufmerksamkeit eine Tasse Tee oder Kaffee trinken, ist nicht wesentlich – entscheidend ist, die Zeit mit sich allein und in Stille zu verbringen, ohne etwas Bestimmtes erreichen zu wollen. In diesem Buch und auf der CD finden Sie Anregungen für die tägliche Auszeit.

Wir sind Wissensriesen,
aber Umsetzungszwerge.

Rolf Wunderer, Heike Bruch

Die Vorschläge zum Thema *Ernährung* sind sehr vielfältig und wir sind sicher, dass auch Sie über eine Menge Wissen verfügen.

Die Fülle an Material lässt sich auf ein paar einfache Verhaltensweisen reduzieren. Wer sie in seinen Alltag integriert, hilft seinem Körper in guter Weise, funktionsfähig zu bleiben.

- Über den Tag verteilt fünf Portionen Obst, Salat oder Gemüse essen.
- Die Mahlzeiten in Ruhe einnehmen.
- Auf Qualität achten, statt auf Quantität.
- Die letzte Mahlzeit vor 20 Uhr beenden.
- Über den Tag verteilt viel Wasser oder Kräutertee trinken.

Unser Körper ist auf *Bewegung* ausgerichtet, wer also überwiegend sitzt, braucht einen täglichen Ausgleich in Form von regelmäßiger, körperlicher Aktivität – so oft es geht unter freiem Himmel. Für welche körperliche Betätigung Sie sich entscheiden ist unwichtig. Wichtig ist nur eines: Tun Sie, was Sie tun, ohne Ehrgeiz und Leistungsdruck. Wenn Sie spazieren gehen, nehmen Sie die Umgebung bewusst wahr, wenn Sie joggen, laufen Sie im Einklang mit Ihrem Atemrhythmus und wenn Sie im Fitness-Studio trainieren, achten Sie auf die Grenzen Ihres Körpers. Sie brauchen nicht die jeweils neuesten Bewegungsmoden mitzumachen, nutzen Sie die Bewegungschancen, die Ihnen der Alltag bietet. Entscheiden Sie sich bewusst für die Treppe und gegen den Aufzug. Telefonieren Sie im Stehen. Gehen Sie in der Mittagspause oder vor dem Schlafengehen eine Runde um den Block. Achtsamkeit in Bewegung ist eine Zeit, in der Sie mit Freude und Dankbarkeit die Lebendigkeit genießen und sich an der Beweglichkeit Ihres Körpers erfreuen.

Wer möglichst gesund und energievoll durchs Leben gehen will, kann damit beginnen, sich täglich Zeit zu nehmen für die achtsame Wahrnehmung seines Körpers. Der Körper signalisiert sehr deutlich, was er braucht und wir können lernen, diese Zeichen aufmerksam wahrzunehmen und zu verstehen, in Offenheit, Wohlwollen, Freundlichkeit und Liebe – ganz so, wie wir einem geliebten Menschen begegnen.

Timeout-Tagebuch

Der Stressforscher und Achtsamkeitslehrer Jon Kabat-Zinn empfiehlt, sich beim Einnehmen einer Mahlzeit zu beobachten.

- Schauen Sie sich das, was auf Ihrem Teller liegt, genau an, bevor Sie es in den Mund schieben, und versuchen Sie, den Geschmack ganz bewusst zu erleben. Lassen Sie ihm Zeit, sich auf der Zunge zu entfalten. Löst der Geruch irgendwelche Empfindungen in Ihnen aus?
- Welche (angenehmen, unangenehmen) Körperempfindungen haben Sie unmittelbar nach dem Essen?
- Achten Sie darauf, wie Sie sich zwei Stunden nach dem Essen fühlen. (Wie hoch ist Ihr Energiepegel? Hat das Essen Ihnen Energie zugeführt, oder fühlen Sie sich träge? Wie geht es Ihrem Magen?)

Das Verhalten erforschen

Um das eigene Verhalten zu erforschen, braucht es vor allem zwei Dinge: *Langsamkeit* und *Präsenz*. Sobald wir unser Lebenstempo reduzieren, nehmen wir die Wirklichkeit viel differenzierter und klarer wahr. Stellen Sie sich vor, Sie reisen mit dem Zug und schauen aus dem Fenster. Draußen rauscht die Landschaft an Ihnen vorbei. Sie passieren die unterschiedlichsten Orte und Gegenden. Doch erst, wenn Sie aus dem Zug aussteigen und sich an einem Ort länger aufhalten, bekommt dieser Ort für Sie eine Kontur.

Um bewusster im jeweiligen Augenblick zu sein, brauchen wir nichts weiter zu unternehmen als zu entschleunigen und innezuhalten. Wir müssen also nicht »zusätzlich« etwas tun – wir können den Zauber des gegenwärtigen Moments jederzeit im Hier und Jetzt erleben.

Die vielen Routinetätigkeiten des Alltags sind ideale Möglichkeiten, Präsenz und Entschleunigung zu praktizieren. Wenn Sie morgens unter die Dusche steigen, dann werden Sie sich des warmen Wassers bewusst, das über Ihren Körper strömt – genießen Sie die sanfte Massage des Wasserstrahls, den Geruch der Seife und Ihre eigenen Körperberührungen, wenn Sie sich waschen und abtrocknen. Dies alles kostet nicht »mehr Zeit«, es ist nur eine bestimmte Art, jedem Moment Aufmerksamkeit zu schenken.

> Jetzt! Mache diesen Moment zu deinem Freund und Verbündeten.
>
> *Eckhart Tolle*

Probieren Sie dies auch mit Tätigkeiten aus, die Sie nicht mögen. Vielleicht ordnen Sie nur widerwillig Ihre Unterlagen, kümmern sich ungern um Reparaturen oder haben wenig Lust zum Kochen, Bügeln oder Putzen. Nehmen Sie das nächste Mal, wenn Sie eine ungeliebte Tätigkeit machen, Ihren Unwillen zur Kenntnis und führen Sie die Tätigkeit dann entschleunigt und mit voller Aufmerksamkeit aus. Beobachten Sie sich dabei. Möglicherweise entdecken Sie Aspekte, die Ihnen gar nicht so unangenehm sind, wie Sie immer dachten. Die Zartheit von Papier in Ihren Händen, der innere Stolz, sobald das Licht im Keller wieder funktioniert, der Geruch angerösteter Zwiebeln beim Kochen, die Wärme der frisch gebügelten Wäsche, die Weichheit des Schaums Ihres Putzwassers. In jedem Moment unseres Lebens schlummern kleine Kostbarkeiten, die wir entdecken können, wenn wir unsere Sinne dafür öffnen.

Neben der Langsamkeit und Präsenz ist die *Leichtigkeit* für uns ein wesentliches Merkmal für Lebensqualität. Viele Menschen können sich ein Leben in Leichtigkeit gar nicht vorstellen. Zu sehr haben sie sich an den Gedanken von Schwere und Anstrengung im Leben gewöhnt. Und diese Menschen werden Tag für Tag in ihrem Glauben bestätigt. Sie erwarten Schwere

> Wenn man abwäscht, sollte man nur abwaschen, das heißt, man sollte sich während des Abwaschens dessen ganz bewusst sein, dass man abwäscht. Das kommt einem auf den ersten Blick vielleicht etwas albern vor. Warum einer so banalen Sache wie Abwaschen derart viel Aufmerksamkeit widmen? Doch das ist der springende Punkt: Die Tatsache, dass ich hier stehe und diese Schalen abwasche, ist die wunderbare Wirklichkeit. Ich bin ganz ich selbst, folge meinem Atem und bin mir meiner Präsenz, meiner Gedanken und Handlungen völlig bewusst. Diese Bewusstheit verleiht mir eine innere Festigkeit, und verhindert, dass mein Geist wie eine Flasche in den Wellen des Ozeans hin und her geworfen wird.
>
> *Thich Nhat Hanh*

und Anstrengung und sie finden Schwere und Anstrengung vor in allem, was ihnen begegnet.

Der Einzug von mehr Leichtigkeit im Leben fängt beim Denken an. Leichtigkeit kann sich nur da einstellen, wo Überzeugung, Sehnsucht und Entschlossenheit vorherrschen: Überzeugung, dass ein Leben in Leichtigkeit möglich ist, eine tiefe Sehnsucht danach und die Entschlossenheit, der Leichtigkeit im Leben einen Platz einzuräumen.

Zu Recht können Sie sich an dieser Stelle fragen, wie dies denn ganz konkret im Alltag umsetzbar ist. Unserer Erfahrung nach lässt sich die Leichtigkeit des Seins durch die Beschäftigung mit den folgenden drei Aspekten ins Leben locken:

Es geht erstens um die Freude!
Freude können wir sofort im Körper spüren, besonders im Herzen. Es schlägt höher, manchmal »hüpft« es sogar vor Freude. Lassen Sie die Freude in Ihr Leben – tun Sie, was Ihnen Freude macht. Und tun Sie es oft! Folgen Sie Ihrem Herzen.

Wenn Ihr Herz höher schlägt beim Singen, Tanzen, Musizieren, Malen, Gärtnern oder einer anderen Betätigung, dann gönnen Sie sich Zeiten, in denen Sie genau dies tun. Seien Sie in diesem Punkt sehr großzügig sich selbst gegenüber. Sie können nicht übertreiben – das einzige, was passieren kann, ist eine Veränderung Ihrer Gewohnheiten. Vielleicht bemerken Sie, dass Sie bestimmte Tätigkeiten mehr und mehr reduzieren. So bleibt das Autoradio aus, weil Sie stattdessen Ihre Lieblings-CD hören oder Sie verzichten auf die obligatorische Fernsehsendung zugunsten einer ausgiebig vorbereiteten Abendmahlzeit.

Manchmal sind Umwege nötig oder es bedarf mehrerer Anläufe, bis man dem auf die Spur kommt, was für das eigene Leben stimmig ist. Wer sich aber die Arbeit macht, das zu finden, was einen erfüllt und sich dem ganz verschreibt, der wird nicht nur Leichtigkeit und Freude erleben, ihm fällt auch der Erfolg in den Schoß.

Es geht zweitens ums Loslassen.

Ballast be-lastet. Machen Sie es sich daher zur Gewohnheit, sich von Ballast zu befreien. Dies beginnt auf der materiellen Ebene. Entrümpeln Sie Ihre private und berufliche Umgebung. Befreien Sie sich von allem, was Sie nicht mehr brauchen, was Ihnen nicht gefällt und was nicht mehr funktioniert. Unnütze Dinge in der Wohnung, im Büro, aber auch auf dem Dachboden, im Keller, im Schuppen und der Garage belasten die Seele, auch wenn wir sie nicht sehen. Unser Bewusstsein hat gelernt, über Unordnung und Gerümpel hinwegzusehen, aber unser Unterbewusstsein weiß um die Last.

> Wenn der ganze zur Verfügung stehende Platz mit Krempel voll gestopft ist, gibt es auch keinen Raum für etwas Neues in Ihrem Leben.
>
> *Karen Kingston*

Erst, wenn alles Überflüssige aus dem Haus oder Büro herausgeräumt und entsorgt ist, fühlt sich auch Ihr Unterbewusstsein befreit. Entrümpeln Sie daher regelmäßig Ihre private und berufliche Umgebung[24] und bringen Sie Ordnung in Ihre Unterlagen – dazu gehört auch der PC.

Nicht nur auf der materiellen Ebene sorgt Loslassen für Leichtigkeit. Auch auf der seelischen Ebene tut es gut, sich von überflüssigem Ballast zu befreien. Alle Menschen, mit denen wir eine emotional enge Beziehung haben oder hatten, hinterlassen Spuren in unserer Seele. Diese Spuren werden dann zu Ballast, wenn die Beziehungen ungeklärt sind. Dabei spielt es keine Rolle, ob die Menschen bereits gestorben sind, noch leben, wir von ihnen getrennt sind oder nicht. Meistens sind es die eigenen Eltern[25], Geschwister, Partner und Ex-Partner, aber auch Kinder, Chefs und Ex-Vorgesetzte, zu denen wir keine geklärte Beziehung haben. Groll, Verletzung, Neid, Eifersucht, Ärger, Scham und Schuld schwingen mit, wenn wir diesen Menschen begegnen, an sie erinnert werden oder an sie denken. Dieser psychische Ballast beschwert unsere Seele mehr als wir ahnen. In all unseren Beziehungen wirken sich diese Altlasten aus, wir sind unfrei und gefangen. Es lohnt sich sehr, die psychischen Altlasten ausfindig zu machen, zu lösen und ins Leben zu integrieren.

> Als ich noch schneller vorwärtskommen und noch mehr Freiheit empfinden wollte, stellte ich fest, dass eine von Herzen kommende Entschuldigung und lebendige Wiedergutmachung eine wunderbare Hilfe darstellen.
>
> *Byron Katie*

Unterstützend auf diesem Weg zu innerer Leichtigkeit sind geführte Meditationen, Innenweltreisen, Psychotherapie und Coaching. Zögern Sie nicht, für sich selbst eine individuelle Unterstützung in Anspruch zu nehmen – Sie gewinnen Leichtigkeit, Freude und Tiefe in all Ihren Beziehungen und nicht zuletzt auch in der Beziehung zu sich selbst.

Es geht drittens um die Klarheit.

Im Alltag verlieren wir leicht aus den Augen, was wirklich wichtig ist für unser Leben. Dringlichkeit und Fremdbestimmung beherrschen uns, wir reagieren nur noch auf die Anforderungen von außen und lassen uns überschwemmen vom alltäglichen Kleinkram. Die Frage nach dem, was ich mit meiner kostbaren Lebenszeit anfangen will, rückt in den Hintergrund. Dabei gibt es nur eine Hauptperson in meinem Leben: Ich! Und nur ich kann herausfinden, was mich mit Leidenschaft und einem glühenden »Ja« erfüllt, was wesentlich ist für mich.

> Nur eine bewusste Entscheidung für das Wichtige verhindert eine unbewusste Entscheidung für das Unwichtige.
>
> *Stephen R. Covey*

Klarheit schaffen, die eigenen Ziele herausfinden, sich immer wieder für sie einsetzen und ihnen einen bedeutsamen Platz im Leben einzuräumen – dies erfordert zunächst einmal Energie und Zeit. Es ist daher hilfreich, sich für die Arbeit an den wesentlichen Lebenszielen feste Termine zu setzen und diese Termine mit derselben Wichtigkeit wahrzunehmen wie einen Termin mit dem Vorgesetzten. Mit der Zeit entwickelt sich eine Klarheit über das, was im Leben wichtig ist und mit dieser Klarheit entsteht ganz von allein auch Leichtigkeit. Es ist wie in der Geschichte vom Glaskrug und dem Kölsch! Wenn die Dinge im Ihrem Leben immer unklarer werden, wenn Sie das Gefühl haben, ein Tag mit 24 Stunden reicht vorne und hinten nicht, dann erinnern Sie sich an folgende Geschichte:

Ein Professor wurde gebeten, für die Chefs großer Unternehmen eine Vorlesung über Zeitplanung zu halten. Wortlos stellte er einen Glaskrug vor sich und begann, diesen bis oben hin mit großen Kieselsteinen zu füllen. Dann fragte er seine Zuhörer, ob der Krug voll sei – sie bejahten es.

Da holte der Professor ein Glas voll Kies und schüttete ihn vorsichtig über die Kieselsteine in den Krug. Der Kies sickerte zwischen die Kieselsteine. Der Professor fragte wiederum seine Zuhörer, ob der Krug voll sei – sie bejahten es.

Da holte der Professor ein Glas voller Sand und schüttete ihn vorsichtig in den Krug. Der Sand sickerte in die Leerräume zwischen den Kies. Der Professor fragte wiederum seine Zuhörer, ob der Krug voll sei – sie bejahten es.

Da holte der Professor zwei Kölsch unter dem Tisch hervor und goss das Bier vorsichtig in den Krug, so dass auch der letzte Raum zwischen den Sandkörnern ausgefüllt war.

»Nun«, sagte der Professor, »dieser Krug symbolisiert Ihr Leben. Die großen Kieselsteine stehen für die Dinge, die Ihnen im Leben wirklich wichtig sind. Diese müssen Sie zuerst in den Krug legen. Sie müssen sich daher darüber klar werden, was in Ihrem Leben die wirklich wichtigen Dinge sind. Wenn Sie sich nämlich zuerst um die Kleinigkeiten kümmern – den Kies und den Sand – dann wird nicht mehr genug Zeit bleiben für das, was in Ihrem Leben bedeutsam ist. Also: Setzen Sie Ihre Prioritäten. Der Rest ist nur Kies und Sand!«

Einer der Zuhörer hob die Hand und sagte: »Ja, das ist sehr einleuchtend, aber ich habe dann doch noch eine Frage: Für was steht denn das Kölsch?«

Der Professor antwortete schmunzelnd: »Ganz egal, wie schwierig es auch sein mag in Ihrem Leben – eines sollen Sie wissen: Zeit für ein oder zwei Kölsch ist immer!«

Timeout-Übung 5:

Achtsames Sitzen

Gönnen Sie sich jetzt eine Zeit für *achtsames Sitzen*. Hören Sie auf der beiliegenden CD die Timeout-Übung 6. Erlauben Sie sich, einfach nur aufrecht und würdevoll zu sitzen und dabei Ihren Atem zu beobachten. Lassen Sie sich Zeit, die Übung in Ruhe zu beenden.

6. Liebe in den beruflichen Alltag bringen

Arbeit ist sichtbar gewordene Liebe.
Khalil Gibran

»Arbeit ist sichtbar gewordene Liebe.« Wie klingt dieser Satz in Ihren Ohren? Was sind Ihre spontanen Gedanken?

Vorausgesetzt, Sie kennen das Zitat noch nicht – würden Sie von sich aus den Zusammenhang zwischen Arbeit und Liebe herstellen?

Etwa Zweidrittel der wachen Zeit verbringt ein berufstätiger Mensch mit seiner Arbeit. Lebenszeit ist also überwiegend mit Arbeit verbrachte Zeit.

Timeout-Tagebuch

Denken Sie an Ihre berufliche Tätigkeit. Machen Sie sich Notizen zu folgenden Fragen:

- Welchen Stellenwert hat mein Beruf für mich?
- Wie viel Liebe gebe ich in meine berufliche Tätigkeit?
- Wie viel Energie schöpfe ich aus meiner beruflichen Tätigkeit?
- Erfüllt mich meine berufliche Tätigkeit mit Freude?

Erstaunlicherweise machen wir aber einen Unterschied zwischen »Arbeit« und »Leben«. Als würde das eine das andere ausschließen. Das »Leben« findet in unserem Denken und auch in unserem Handeln außerhalb der Arbeitszeit statt. Dies reicht bis in die Terminologie des immer noch sehr weit verbreiteten Begriffes »Work-Life-Balance« hinein. Er suggeriert, Arbeit und Leben seien zwei verschiedene Bereiche, die in eine Balance gebracht werden müssen. Dabei ist die Grundidee von »Work-Life-Balance« – wir benutzen lieber das Wort »Lebensbalance« –, die *unterschiedlichen* Lebensbereiche in eine Balance zu bringen.

Im Arbeitsalltag wird die gedankliche Trennung zwischen Arbeit und Leben an einer weitverbreiteten negativen Stimmung deutlich. Zwei von drei befragten Menschen sind laut einer Umfrage mit ihrer Arbeit unzufrieden – sie selbst geben an, nur noch »Dienst nach Vorschrift« zu machen. Zwar erscheinen sie am Arbeitsplatz, sie sind aber nur halbherzig bei der Sache. Innerlich sehnen sie den Feierabend, das Wochenende, den Urlaub und schließlich die Rente herbei. Sie träumen von einem Leben ohne die ständige Belastung des »Arbeiten-Müssens«. Gegen den inneren Widerstand quälen sie sich durch den Arbeitstag – ganz nach dem Motto »Erst die Arbeit, dann das Vergnügen«. In ihrer Freizeit holen sie so viel wie möglich von dem versäumten Leben nach. Was sie hier nicht unterbringen, wird verschoben auf die Zeit des Ruhestands.

Die Folgen dieser Trennung zwischen Arbeit und Leben sind weitreichend. Mit ihrem Widerstand gegen die Arbeit richten die Menschen ein nicht zu unterschätzendes Maß an Negativität in erster Linie gegen sich selbst. Sie bekommen die Auswirkungen am eigenen Leib zu spüren. Wer eine Arbeit tut, hinter der er nicht wirklich steht, sei es wegen des Geldes oder der damit (scheinbar) verbundenen Sicherheit, der läuft Gefahr, über kurz oder lang auszubrennen.

Da mag der Verstand noch Erklärungen dafür finden, warum man trotz fehlender Liebe an der Arbeit festhält. Die Seele jedoch sehnt sich nach einer Übereinstimmung von innerer Motivation und äußerer Tätigkeit. Hält

> Liebe und Leidenschaft führen zum Erfolg, nicht Stress, Schinderei und harte Arbeit.
>
> *Fred Gratzon*

diese Schieflage über einen längeren Zeitraum an, so sorgt häufig der Körper durch psychische Krisen, Krankheiten oder Unfälle für eine Zwangspause.

Wer mit Widerstand seiner Arbeit nachgeht, der richtet die negative Energie nicht nur gegen sich selbst, sondern auch gegen alle anderen, die sich in seinem Umfeld aufhalten. Dies sind die Kolleginnen und Kollegen, aber auch die Kunden und alle, die mit den »Produkten« der halbherzig verrichteten Arbeit in Kontakt kommen. Der Widerstand zieht natürlich auch Kreise in das private Umfeld.

Wir haben das Zitat von Khalil Gibran an den Anfang des Kapitels gestellt. Es stammt aus der Mitte eines dreiseitigen Textes über Arbeit und der gesamte Absatz lautet: »Arbeit ist sichtbar gewordene Liebe. Und wenn Ihr nicht mit Liebe arbeiten könnt, sondern nur mit Widerwillen, dann ist es besser, wenn Ihr Eure Arbeit aufgebt und Euch an das Tempeltor setzt und von denen Almosen annehmt, die mit Freude arbeiten.«[26]

Menschen, die mit ihrer Arbeit unglücklich sind, finden sich im Regelfall mit diesem Zustand des »Aushaltens« ab. Sie kommen gar nicht erst auf die Idee, innezuhalten und über Alternativen nachzudenken. In ihrer Vorstellung gibt es für sie keine Arbeit, die Freude macht, die sie begeistert, für die sie gern morgens aufstehen und in der sie Erfolg haben werden. Arbeit ist und bleibt für sie mit Anstrengung verbunden, stressig und hat wenig mit dem Zauber des Lebens zu tun.

Wir sind davon überzeugt, dass die Kraft der Achtsamkeit das *gesamte* Leben verändert – ganz gleich ob es sich um private oder um berufliche Bereiche handelt. Dieser Gedanke ist für viele Menschen noch neu, denn üblicherweise wird gelebte Achtsamkeitspraxis nur mit dem Privatleben in Verbindung gebracht. Wir gehen mit unserer Arbeit neue Wege und machen erlebbar, wie sich Achtsamkeit auch im Berufsleben entfalten kann.[27] Ausgangspunkt ist unsere eigene berufliche Entwicklungsgeschichte. Daran anknüpfend beschreiben wir fünf Phasen der beruflichen Veränderung. Wie Achtsamkeit ganz konkret in den beruflichen Alltag gebracht werden kann, zeigen wir anhand von zwei Beispielen aus unserer eigenen beruflichen Tätigkeit auf. Abschließend geben wir praktische Hinweise, mit denen es möglich ist, in *jede* berufliche Situation mehr Lebendigkeit und Lebensfreude zu bringen.

Vom Beruf zur Berufung – eine persönliche Rückschau

Dem, wo wir heute beruflich stehen, sind lange Zeiten vorausgegangen, in denen wir – jeder auf seine Weise – auf der Suche waren nach mehr Lebendigkeit, größerer Authentizität und vor allem mehr Leichtigkeit.

Beide hatten wir am Anfang unseres Berufsweges Tätigkeiten, um die uns andere beneideten. Eine gesicherte Beamtenstelle mit hervorragenden Aufstiegsmöglichkeiten und eine gut bezahlte Dozentenstelle an der Universität mit großer Freiheit bei den Forschungs- und Lehrinhalten. Aus den unterschiedlichsten Gründen waren wir jedoch nicht glücklich mit unserer Arbeit. Von Außen betrachtet stimmte alles, doch innerlich sah es ganz anders aus. Immer wieder erwischten wir uns

> Finde die Arbeit, die Dich beseelt, und du wirst Dich nie mehr anstrengen müssen.
>
> *Konfuzius*

bei dem Gedanken, Arbeitszeit ist vergeudete Lebenszeit. Diese Jahre waren begleitet von persönlichen und gesundheitlichen Krisen. Das »richtige« Leben fand außerhalb der Arbeitszeit statt und gleichzeitig schwelte tief in jedem von uns – wenn auch in unterschiedlicher Ausprägung – die Sehnsucht nach einer größeren Übereinstimmung von Leben und Arbeit.

Seitdem sind viele Jahre vergangen. Heute erleben wir unsere berufliche Tätigkeit gänzlich anders. Schritt für Schritt haben wir uns auf den Weg gemacht auf der Suche nach einer Arbeit, die für jeden von uns stimmiger ist. Der Weg dorthin war weder gradlinig noch mühelos und uns ist auch klar, dass wir immer noch auf dem Weg sind. Besonders in der Anfangsphase haben uns innere Zweifel und äußere Widerstände in Krisen geführt.

Manchmal waren wir verzweifelt und mutlos, dann wieder gab es plötzlich unerwarteten Rückenwind und die Dinge entwickelten sich in großer Leichtigkeit. Heute empfinden wir nur noch selten eine Trennung zwischen Arbeit und Leben. Wir sind mit »Herz und Seele« bei dem, was wir tun – beruflich und privat. Unsere Arbeit ist kreativ und in hohem Maße befriedigend. Wir sind flexibel in unseren Arbeitszeiten und genießen eine große Freiheit bei der Umsetzung und Gestaltung von dem, was uns wichtig ist. Die Inhalte unserer Arbeit und auch die Art und Weise der Vermittlung sind für andere Menschen inspirierend und bereichernd. Und – nicht zu vergessen – wir bekommen genügend Geld für das, was wir gerne tun und was uns leicht fällt.

> Die Kunst des Lebens liegt darin, Menschen zu finden, die dir noch Geld für etwas geben, für das Du am Liebsten selbst bezahlen würdest.
>
> *Sarah Caldwell*

Im Rückblick unseres Weges können wir fünf Phasen beschreiben, die für die Veränderung unserer beruflichen Arbeit bedeutsam waren. Unser Fünf-Phasen-Modell »Raus aus dem Frust« lässt sich auf alle beruflichen Veränderungsprozesse übertragen.

Raus aus dem Frust – ein Fünf-Phasen-Modell zur beruflichen Veränderung

Phase 1: Die ehrliche Bestandsaufnahme

Am Anfang des Weges zur beruflichen Veränderung steht das ehrliche Eingeständnis, mit der gegenwärtigen Arbeit nicht wirklich glücklich zu sein, gekoppelt mit dem Entschluss, diese Situation grundsätzlich zu verändern. Die Phase endet mit einem *uneingeschränkten Nein* zum Status quo.

Phase 2: Entwicklungszeit für eine klare Vision

Die zweite Phase dient der Visionssuche. Entscheidend ist, sich ausreichend Zeit dafür einzuräumen. Es ist die Zeit, um mit unterschiedlichen Menschen über die Ideen zu sprechen, die eigenen Ängste, Zweifel, Unsicherheiten und Glaubenssätze zu erforschen und sich möglicherweise Unterstützung durch ein Coaching einzuholen. Diese Phase lässt sich weder beschleunigen noch abkürzen. Sie erfordert die Bereitschaft, geduldig eine Zeitlang im Zustand des Nichtwissens zu sein, in dem es möglicherweise viel mehr Fragen als Antworten gibt. Die Phase endet mit einem *klaren Ja*, in Form der schriftlich formulierten Vision.

Phase 3: Aufbruch aus der Komfortzone

In der dritten Phase wird es auch im Außen konkret. Stellenkündigung oder Arbeitszeitreduzierung schaffen die Voraussetzungen, um den neuen Weg einzuschlagen. Die Zeit des Gewohnten ist jetzt endgültig vorbei. Vielleicht treten unerwartete Schwierigkeiten oder Hindernisse auf, vielleicht zeigen Menschen ihr Unverständnis oder wenden sich sogar ab. Wahrscheinlich gibt es mehr zu erledigen als jemals zuvor und mit Sicherheit kommen Momente, in denen man sich fragt, warum man diesen Weg überhaupt eingeschlagen hat. Jeder Widerstand bietet eine neue Lernchance, damit konstruktiv umzugehen und eine Lösung zu finden. Die Phase ist gekennzeichnet von *Gegenwind*, das Vorhaben wird auf Herz und Nieren geprüft.

In dem Augenblick, in dem man sich endgültig einer Aufgabe verschreibt, bewegt sich die Vorsehung auch. Alle möglichen Dinge, die sonst nie geschehen wären, geschehen, um einem zu helfen. Ein ganzer Strom von Ereignissen wird in Gang gesetzt durch die Entscheidung, und er sorgt zu den eigenen Gunsten für zahlreiche unvorhergesehene Zufälle, Begegnungen und materielle Hilfe, die sich kein Mensch vorher je so erträumt haben könnte. Was immer Du kannst, beginne es. Kühnheit trägt Genius, Macht und Magie. Beginne jetzt.

Johann Wolfgang von Goethe

Phase 4: Lernen in der Wachstumszone
Die Grundhaltung der vierten Phase lautet: »Geht nicht, gibt's nicht!« Mittlerweile hat sich ein konstruktiver Umgang mit Frustrationen und Ablehnung etabliert und Probleme erscheinen nicht mehr als Hindernisse, sondern als Herausforderungen für neue Wachstumsmöglichkeiten. Erweist sich der eingeschlagene Weg einmal als wenig erfolgversprechend, dann wird nach einer anderen Strecke gesucht, ohne dabei das Ziel aus den Augen zu verlieren. Ein inneres Wissen ist gewachsen und damit fällt es zunehmend leichter, beharrlich und diszipliniert und mit gesundem Pragmatismus dem eigenen Weg zu

folgen. Vielleicht ist es manchmal hilfreich, bewusst Umwege in Kauf zu nehmen, um dem Ziel näherzukommen. Nicht selten geschehen in diesem Zusammenhang scheinbar zufällig Ereignisse oder es tauchen plötzlich Menschen auf, die das Vorhaben unterstützen. In dieser Phase ist *Rückenwind* spürbar, das Lernen macht Freude und das Vertrauen in den eigenen Weg wächst.

Phase 5: Authentisches Unterwegssein
Je länger jemand unterwegs ist auf dem Weg der Berufung, umso kraftvoller und leichter wird er diesen Weg gehen. Die eigenen Stärken und Fähigkeiten sind deutlich und ein konstruktiver Umgang mit den Schwächen und Begrenzungen ist gefunden. Es gibt Zeiten, in denen Begeisterung und Kreativität vorherrschen und auch Zeiten der Herausforderungen und Lernchancen. Vielleicht verändert sich das Ziel im Laufe des Unterwegsseins, vielleicht gilt es, den Kompass neu auszurichten. Solange man auf der Suche nach mehr Freude und Leichtigkeit im Leben ist, solange wird man unterwegs sein. Das einzig Verlässliche beim Unterwegssein ist die Veränderung. Alles im Leben ist in Bewegung, daher lautet das Motto der letzten und lebenslangen Phase: *Der Weg ist das Ziel.*

Visionen werden konkret – Achtsamkeit im beruflichen Alltag
Neben den individuellen Ansätzen benötigen wir strukturelle Veränderungen, damit sich Achtsamkeit auch im beruflichen Alltag ausbreiten kann.

Dabei spielt es keine Rolle, um welchen Arbeitsplatz es sich handelt. Wie Achtsamkeit in jedem persönlichen Leben wirken kann, so ist sie auch in jede berufliche Tätigkeit integrierbar.

Als wir zum ersten Mal mit unseren Ideen Anfang 2001 an die Öffentlichkeit gingen, ernteten wir noch unverständliche Blicke. Zu fremd war der Gedanke, es könne möglich sein, Zeiten und Räume für achtsames Innehalten strukturell in berufliche Kontexte zu verankern. Mittlerweile haben wir in den verschiedensten Arbeitszusammenhängen gezeigt, wie positiv sich strukturell verankerte Maßnahmen auf das Wohlergehen der Menschen im Arbeitsalltag der Menschen auswirken können. Wir sind davon überzeugt, dass es nur noch eine Frage der Zeit ist, bis Zeiten und Räume für gelebte Achtsamkeit am Arbeitsplatz selbstverständlich sind. In Zukunft werden sich diejenigen erklären müssen, die sich und andere durch Pausenlosigkeit selbst schädigen und nicht mehr diejenigen, die sich auch am Arbeitsplatz aktiv um das eigene Wohlergehen kümmern und die entsprechenden Angebote zum Innehalten und Auftanken nutzen.

Wie strukturelle Maßnahmen zur Implementierung von Achtsamkeit im beruflichen Alltag konkret aussehen können, wollen wir an zwei unterschiedlichen Beispielen aus unserer praktischen Arbeit zeigen.

Praxisbeispiel 1: Progressive Muskelentspannung in der Öffentlichen Verwaltung

Ein hessisches Ministerium beschloss in 2004 die Einrichtung einer Arbeitsgruppe »Gesundheitsmanagement«, in der Mitglieder aus allen Bereichen der Flächenverwaltung vertreten waren. Alarmiert durch steigende Krankheitstage und verstärktes frühzeitiges Ausscheiden von Bediensteten in den Ruhestand, sammelten die Mitarbeitenden Ideen, wie dieser Entwicklung etwas Wirkungsvolles entgegengesetzt werden könnte. Zu dieser Zeit gab es bereits eine Reihe von Einzelangeboten zur Gesundheitsförderung am Arbeitsplatz. Die Vertreter der Gesundheitsmanagementgruppe hatten jedoch die Vision, gesundheitsfördernde Maßnahmen innerbetrieblich zu installieren.

Sie nahmen Kontakt mit uns auf und baten um fachliche Unterstützung bei der Ideenfindung. Im November 2006 stellten wir dem Arbeitskreis das Multiplikatorenmodell »Progressive Muskelentspannung« vor. In fünf zusammenhängenden Kurstagen und zwei zusätzlichen Supervisionstagen (jeweils etwa sechs und zehn Monate nach Beendigung der Ausbildung) sollten zunächst 15 Bedienstete in einem Pilotprojekt professionell als Kursleitende für Progressive Muskelentspannung ausgebildet werden und hätten im Anschluss daran die Aufgabe, an ihrer jeweiligen Dienststelle Informationsangebote, fortlaufende Kurse und offene Gruppen in Progressiver Muskelentspannung für ihre Arbeitskolleginnen und Kollegen durchzuführen.

Im Februar 2007 startete das Pilotprojekt mit 15 Teilnehmenden aus ausgewählten hessischen Dienststellen. Das Projekt wurde ausgewertet, die Ergebnisse waren überdurchschnittlich positiv.[28] Auf allen Ebenen war eine Win-Win-Situation eingetreten:

1. Die Teilnehmenden des Ausbildungskurses haben persönlich ganz erheblich von der Einübung in die Methode der Progressiven Muskelentspannung (PME) profitiert. Sie sind gelassener in Stress-Situationen und haben gelernt, sich selbstverantwortlich um sich selbst zu kümmern, sowohl im beruflichen als auch im privaten Alltag.
2. Kolleginnen und Kollegen können die PME-Angebote während ihrer Arbeitszeit in Anspruch nehmen und machen hier erste Erfahrungen mit achtsamem Innehalten.
3. Trotz der Teilnahme an den PME-Angeboten erledigen die Bediensteten ihre Arbeit, überwiegend sogar mit mehr Freude und Elan.
4. Dienstvorgesetzte profitieren von den stärker selbstverantwortlich handelnden Mitarbeitern. Teilweise rufen sie deren neu erworbene Kompetenz sogar aktiv ab. So werden beispielsweise Sequenzen von Progressiver Muskelentspannung in Schulungs- oder Besprechungssituationen integriert.
5. Die Dienststelle bessert ihr Image auf – ein Umstand, der im Zuge des demographischen Wandels immer bedeutsamer wird. Die Zufriedenheit mit dem Arbeitsplatz hat entscheidenden Einfluss darauf, ob Arbeitnehmer innerlich kündigen oder vorzeitig in den Ruhestand wechseln. Zudem werden sich langfristig Arbeitnehmer ihren Arbeitsplatz wieder

aussuchen können und auch dabei spielt aktives Gesundheitsmanagement eine zentrale Rolle.

6. Die investierten Fortbildungsgelder zahlen sich durch das Multiplikatorenmodell schnell aus, es interessiert sich bis zu einem Drittel der Belegschaft einer Dienststelle für die Angebote in Progressiver Muskelentspannung am Arbeitsplatz.

2008 ging das Projekt in seine zweite Phase. Es wurde auf alle Dienststellen der Flächenverwaltung in Hessen ausgedehnt mit dem Ziel, je Standort mindestens zwei Bedienstete professionell zur Kursleitung für Progressive Muskelentspannung auszubilden. Im Rahmen der betrieblichen Gesundheitsförderung haben wir seitdem mehr als 100 Bedienstete dieser öffentlichen Verwaltung als Kursleitende für Progressive Muskelentspannung ausgebildet. In den jeweiligen Dienststellen bieten diese Multiplikatoren seitdem die Progressive Muskelentspannung in den unterschiedlichsten Formaten an. Es gibt Informationsveranstaltungen und Einführungsstunden, fortlaufende Kurse von sechs bis acht Treffen in wöchentlichem Rhythmus, kontinuierlich laufende sogenannte »offene Gruppen« sowie Kurzimpulse, die in Fortbildungsveranstaltungen integriert sind.

Mittlerweile breitet sich die Multiplikatorenschulung in Progressiver Muskelentspannung in immer mehr Dienststellen der Öffentlichen Verwaltung in Hessen aus.

Für viele Beschäftigte sind die Angebote in Progressiver Muskelentspannung Ausdruck einer gelebten Wertschätzung ihres Arbeitgebers, die sie gerne nutzen. Sie erleben durch das Praktizieren der Progressiven Muskelentspannung, wie sich ihre Sensibilität für ihren Körper erhöht. Sie lernen die eigenen Belastungsgrenzen besser kennen und sind so in der Lage, angemessener mit ihren Energie-Ressourcen umzugehen. Diese Stärkung von Selbstverantwortung wirkt sich positiv auf alle anderen Arbeitsbereiche der Beschäftigten aus. Daher sind einige Dienstvorgesetzte dazu übergegangen, die Teilnahme an einem Angebot zur Progressiven Muskelentspannung anerkennend in der Personalakte zu vermerken. Damit soll ein zusätzlicher Anreiz geschaffen werden, gerade in Zeiten extremer beruflicher Belastung das notwendige Innehalten zu fördern, denn niemand ist in der Lage, über Stunden am Stück effizient zu arbeiten. Nach wie vor gibt es zwar Mitarbeiter und Vorgesetzte, die die Meinung vertreten, für Erholung und Innehalten sei die Freizeit da, beides habe im Arbeitsalltag nichts verloren. Solche Ansichten werden in der modernen Führungskräfteliteratur als rückständig und verantwortungslos bezeichnet, da insbesondere Dienstvorgesetzte mit dieser Ansicht ihre Fürsorgepflicht für ihre Angestellten verletzen. Die rapide ansteigenden Fälle von Burnout, innerer Kündigung und vorzeitigem Ruhestand belegen die unbedingte Notwendigkeit, einen Arbeitsstil zu etablieren, in dem Zeiten von Innehalten, Auftanken und Entspannen selbstverständlich sind.

Wir sind zutiefst davon überzeugt, dass es auch in ganz »gewöhnlichen« Arbeitszusammenhängen möglich ist, dem steigenden Dauerstress mit Angeboten zum achtsamen Innehalten entgegenzuwirken. Als Einstieg haben wir die Progressive Muskelentspannung gewählt, denn sie ist eine leicht erlernbare und ausgesprochen effektive Methode zur Stressbewältigung. Die Progressive Muskelentspannung (PME) nach Edmund Jacobson ist seit 1987 Bestandteil der psychosomatischen Grundversorgung in allen gesetzlichen und privaten Krankenkassen. Durch die systematische Schulung der Achtsamkeit sensibilisiert die PME für das Zusammenspiel von Muskeltonus, Lebensgefühl und Gedankenwelt und stärkt so die Fähigkeit, eigenverantwortlich zu mehr innerer Ruhe sowie seelischer und körperlicher Ausgeglichenheit zu gelangen. Die Progressive Muskelentspannung ist eine alltagstaugliche Methode zur Stressbewältigung, mit der die Achtsamkeit geschult wird. Aus unserer jahrelangen Erfahrung in der Kursleitungsausbildung wissen wir, dass es darüber hinaus möglich ist, Menschen ohne jegliche Vorerfahrung so in die Methode der Progressiven Muskelentspannung einzuführen, dass sie bereits in der fünftägigen Ausbildung das achtsame Innehalten als »Lebensstil« erleben und einüben.

Petra M., Teilnehmerin des zweiten Ausbildungsdurchgangs, hat ihre Erfahrungen mit der PME-Kursleitungsausbildung und der Implementierung an ihrem Arbeitsplatz 2011 zu Papier gebracht.

»Was?! Du willst Kursleiterin für Progressive Muskelentspannung werden?«, fragten mich meine Kolleginnen an meiner Dienststelle, als ich den Fortbildungsantrag ausfüllte. » Ja, ich!«, antwortete ich überzeugt.
Als ich einige Zeit zuvor die Ausschreibung im Weiterbildungsportal

unserer Dienststelle las, spürte ich sofort eine Resonanz. Genau das wollte ich machen. Mich professionell ausbilden lassen zur Kursleiterin für Progressive Muskelentspannung, um dann Kolleginnen und Kollegen während der Arbeitszeit an unserer Dienststelle in diesem Verfahren anleiten zu können. Gesundheitsfürsorge am Arbeitsplatz – das gefiel mir!

Kurz vor Beginn der siebentägigen Weiterbildung besorgte ich mir im Buchladen noch schnell ein paar Bücher über PME und informierte mich in Internetsuchmaschinen über diese Entspannungsmethode. So fühlte ich mich theoretisch »bestens« vorbereitet, als ich am ersten Tag der Multiplikatorenausbildung ins Seminarhotel kam.

Doch während der Ausbildung passierte viel mehr als das Erlernen einer Methode und deren Vermittlung. Die Ausbildung entpuppte sich als Reise zu mir selbst. Gleich zu Beginn hatte ich ein AHA-Erlebnis, – Kursteilnehmer schätzten meine Stärken und Schwächen als Leiterin eines Kurses ein, ohne mich zu kennen – und sie lagen auch noch richtig! Sehr hilfreich fand ich auch die Selbstreflexion »Anspannung und Entspannung in meinem Leben«. Ich war überrascht, unter welcher Anspannung ich tagtäglich stand und spürte dann, wie sich während der Ausbildungswoche das Gefühl von Entspannung endlich wieder einstellte. Sogar meine Körperhaltung und meine Ausstrahlung veränderten sich im Laufe der Tage – das war für mich vorm Spiegel sichtbar. Die Reise zu mir selbst ging jedoch noch weiter. Sei es durch die Themen, die wir in Kleingruppen oder im Plenum erarbeiteten, durch die vielen Impulse, die gegeben wurden, oder das gegenseitige Anleiten der Progressiven Muskelentspannung in Dreiergruppen. Immer wieder ging es darum, einfach hinzuspüren und wahrzunehmen. In der Zeit der Ausbildung wurde mir wieder bewusst, was mir eigentlich im Leben wichtig ist und was in der Hektik des Alltags untergegangen war. Wenn ich anfangs noch dachte »Gruppenarbeit! – Ich hasse Gruppenarbeit!!!«, dann musste ich am Ende der Ausbildung gestehen, dass die Gruppenarbeitsphasen nicht nur ausgesprochen bereichernd waren, sondern sogar richtig Spaß machten. Am Ende der Ausbildung konnte ich sagen: »Ich bin wieder bei mir angekommen!«

Seit der Ausbildung gehe ich viel achtsamer mit mir selbst um und nehme mit mehr Präsenz am Leben teil – und: Ich leite regelmäßig meine Kolleginnen und Kollegen im Amt an, was denen gut tut und auch mir. Im ersten Jahr (August 2009 bis August 2010) nahmen bereits ein Drittel der Beschäftigten meine Kursangebote wahr.

Im Amt war die Reaktion auf das PME-Angebot überwiegend positiv. Die meisten Bediensteten zeigten sich sehr überrascht, dass sich unsere Behörde so fortschrittlich und fürsorglich zeigt. Hier einige O-Töne von Teilnehmerinnen und Teilnehmern:

- *Ich finde es toll, dass es dieses Angebot gibt. Die PME tut mir unwahrscheinlich gut, ich spüre wie angespannt ich war.*
- *Ich freue mich jedes Mal drauf, kann einfach mal innehalten, fühle mich anschließend sehr wohl und gehe motiviert an den Schreibtisch zurück.*
- *Toll, dass es dieses Angebot bei uns gibt, PME wurde mir von meinem Arzt empfohlen und tut mir sehr gut.*

- *Ich find's toll, durch PME Abstand von der Arbeit zu bekommen, ich fühle mich danach wohl und gehe wieder mit Energie und motiviert an die Arbeit.*
- *Mal runterkommen aus der Hektik, wieder gelassener werden, sich nicht mehr wie der Hamster im Rad fühlen und anschließend mit neuem Elan die Arbeit wieder aufnehmen. Finde es super, dass die PME bei uns angeboten wird.*
- *Nach der PME sind die Akkus wieder aufgeladen und ich gehe mit neuem Schwung an die Arbeit.*
- *PME erhöht bei mir die Leistungsfähigkeit. Ich hatte häufiger akute Beschwerden im Lendenwirbelsäulenbereich, was zu Krankheitstagen führte, dies ist seit PME nicht mehr der Fall.*

Praxisbeispiel 2: Achtsamer Generationswechsel in einem Familienunternehmen

Der Generationswechsel von der ersten zur zweiten Generation glückt zu knapp 50 Prozent, die Stabsübergabe an die dritte Generation ist nur noch in jedem zwanzigsten Unternehmen erfolgreich.

Die Gründe hierfür liegen auf der Hand: Die meisten Geschäftsführer haben die Nachfolgeregelung nicht im Blick, schon gar nicht als unternehmensstrategische Führungsaufgabe. Die Unternehmensnachfolge wird daher in den meisten Fällen weder rechtzeitig noch offensiv genug angegangen. Alle Beteiligten unterschätzen die damit verbundene emotionale Klärungsarbeit. Im Regelfall verdrängen die Unternehmer das Thema vollkommen und widmen sich stattdessen bis zum Schluss ihrem Tagesgeschäft. In unserer Gesellschaft ist es meist nicht üblich, sich den existentiellen Fragen des Lebens wie Älterwerden, Vergänglichkeit und Tod zu stellen. Insbesondere Unternehmern fällt die Auseinandersetzung mit den Themen rund ums »Wenigerwerden« und »Loslassen« schwer, haben sie sich doch meist jahrzehntelang auf den gegenteiligen Pol, das »Aufbauen« und »Tätigsein« konzentriert.

Unternehmensnachfolgeregelung ist in erster Linie ein emotionaler Klärungsprozess des Unternehmers mit sich selbst, seinen Angehörigen und den Mitarbeitern. Die steuerlichen, gesellschaftsrechtlichen und finanziellen Aspekte machen erfahrungsgemäß nur fünfundzwanzig Prozent der gesamten Nachfolgeregelung aus. »Vor diesem Hintergrund ist es von großer Bedeutung, dass der Unternehmer, dessen

> Nicht einmal 5 % aller jemals gegründeten Unternehmen erleben überhaupt die dritte Generation.
>
> *Helmut Habit, Jochen Berninghaus*

Nachfolge ansteht, einen Sparring-Partner an seiner Seite hat. Jemand, der ihn für die Herausforderung sensibilisiert, ihn durch den Prozess führt, externe Spezialisten integriert und mit dem Inhaber gemeinsam die optimale Nachfolgelösung erarbeitet. Vorzugsweise ein Generalist, der jederzeit den Gesamtüberblick gewährleistet und der ohne persönliches Interesse unabhängig im Dienste der Sache agiert«[29], so der Unternehmensberater Leonhard Fopp.

Jeder achtsame Nachfolgeprozess verläuft individuell und ist angesichts der Intimität der anstehenden Themen nur auf einer gemeinsamen Wertebasis und einer stabilen Vertrauensbeziehung zwischen dem externen Coach und allen Beteiligten möglich.

Achtsamkeitsbasiertes Nachfolge-Coaching[30] kann nur gelingen, wenn der Coach seine eigene Achtsamkeitspraxis kultiviert. Aus dieser inneren Ruhe und Stabilität heraus ist seine Vorgehensweise prozessorientiert – einerseits arbeitet er rational und geplant, zugleich aber auch intuitiv und kreativ. Seine innere Haltung ist geprägt durch geistige Offenheit, engagierte Neugierde und innere Verbundenheit. Der Coach begreift sich in jedem Moment als Experte *und* als Lernender – insbesondere die Momente des »Nicht-Wissens« sieht er als besondere Chance für die Erweiterung der Perspektive. Damit kommen Themen und Vorgehensweisen in den Blick, die bislang unbedeutend schienen, sich aber für den Gesamtprozess als wesentlich herausstellen. Der Coach hat die Bereitschaft, auch unkonventionelle Wege zu gehen und sich immer wieder neu aus der Stille heraus mit den Menschen des Unternehmens im Herzen zu verbinden. Die unterschiedlichsten Blickwinkel einnehmend sucht er das Gespräch mit den verschiedenen Interessengruppen im Unternehmen. Er kümmert sich darum, dass sämtliche Unklarheiten, Unsicherheiten und Konflikte rund um das Nachfolgethema auf den Tisch kommen. Darüber hinaus ermutigt er den Unternehmer, auch alle anderen Menschen, die mit dem Unternehmen in irgendeiner Weise verbunden sind, in den Blick zu nehmen. Dazu gehören seine direkten

> Nachfolge-Coaching ist im besten Sinne eine vertrauensbildende Maßnahme.
>
> *Dieter Mueller-Harju*

Familienangehörigen, aber auch die Hausbank, Kunden und Zulieferbetriebe.

Wenn der Coach von allen Beteiligten akzeptiert ist, kann ein achtsam begleiteter Nachfolgeprozess sehr an Tiefe gewinnen. Nicht selten werden unbearbeitete Familienthemen aufgedeckt oder die Unternehmer offenbaren ihre ganz persönlichen Befürchtungen und Ängste. Manchmal fungiert der Coach als Klärungshelfer, der Brücken zwischen den Generationen baut, dann wieder richtet er den Fokus entschlossen auf die nächsten Aufgaben oder er findet einen behutsamen Umgang mit den herausfordernden Themen.

Jedem ist klar, wie komplex der Aufbau eines Unternehmens ist. Dagegen wird der zeitliche Umfang eines Generationswechsels regelmäßig unterschätzt. Erfahrungsgemäß dauert der Nachfolgeprozess etwa drei Jahre.

Einen Einblick in den Prozess eines achtsam begleiteten Generationswechsels gibt der Bericht[31] von mir (Rüdiger), den ich zum Abschluss meiner Tätigkeit im Autohaus Karl Russ formulierte.

Als externer Trainer und Coach begleitete ich das Autohaus Karl Russ in Dettingen von 2001 bis 2008. Zu meinen Arbeitsschwerpunkten gehörten Kommunikationstrainings für Kundenberater, Führungskräftecoachings und die Einführung von neuen Führungsinstrumenten. Im Rahmen der Einzelcoachings mit den vier Gesellschaftern, den Brüdern Siegfried Russ und

Eberhard Russ kam auch das Thema »achtsame Unternehmensnachfolge« zur Sprache. Ich regte an, in einer zweitägigen Klausurtagung zunächst einmal eine umfassende Bestandsaufnahme zu machen. »Mein Vater und mein Onkel waren davon überzeugt, alles an einem Wochenende klären zu können. Das erwies sich als Trugschluss«, erinnert sich Stefan Russ. »Es kristallisierte sich heraus, dass es viele Herausforderungen im Betrieb gab und auch etliche zwischenmenschliche Baustellen.« Am Ende dieser ersten Klausurtagung war ein wichtiger Entschluss gefasst: In Zukunft würden die vier Gesellschafter einmal monatlich mit dem Coach zusammenkommen, um gemeinsam die Unternehmensnachfolge in einem achtsamen Prozess zu gestalten.

Bei den monatlichen Treffen ging es vor allem darum, inmitten von unterschiedlichen Einschätzungen und Meinungen eine Atmosphäre der Offenheit und Wertschätzung zwischen allen Beteiligten herzustellen. Auf dieser Basis konnten alle inhaltlichen Fragen und Themenstellungen des Generationswechsels angegangen werden. Gemeinsam entstand ein umfangreicher Nachfolgefahrplan, in dem jeder Schritt der Übergabe genau beschrieben und terminiert wurde. Auch die Anregung, einen Notfallplan zu erstellen, wurde aufgegriffen und in die Tat umgesetzt. Im Todesfall eines oder aller Gesellschafter kann jetzt für alle wichtigen Entscheidungen auf die gemeinsam verabschiedeten Festlegungen zurückgegriffen werden.

»Der Coach fungierte als Moderator und sorgte dafür, dass jeder seine Wünsche und Ideen einfließen lassen konnte«, so Hansjörg Russ. Zusätzlich hatten die Gesellschafter und ihre Ehefrauen in kontinuierlich stattfindenden

Einzelgesprächen die Möglichkeit, sehr persönliche Themen in absoluter Vertraulichkeit zu besprechen.

Höhepunkt und Ende des Nachfolgeprozesses war ein Fest. Einen Tag lang nahmen sich die vier Gesellschafter, ihre Ehefrauen und der Coach Zeit, um den Generationswechsel achtsam und in Würde zu feiern. In einfühlsamen Reden würdigten die Gesellschafter den gemeinsam durchlaufenen Prozess, Geschenke wurden überreicht, es gab Momente der Stille, der Musik und des achtsamen Innehaltens. Besonders bewegend war das Ritual der Stabsübergabe der Senioren an die Junioren. Diese letzte Familienkonferenz war der krönende Abschluss des dreijährigen Nachfolgeprozesses und gleichzeitig ein ausgesprochen bewegender Tag in der Firmengeschichte Russ.

Unmittelbar nach der offiziellen Stabsübergabe im Familienkreis wurden alle Führungskräfte und Mitarbeiter des Unternehmens ausführlich über die Veränderungen in Kenntnis gesetzt und hatten ausreichend Möglichkeit, die anstehenden Fragen im Gespräch mit den Junioren und Senioren zu klären. »Durch das Coaching ist uns bewusst geworden, wie wichtig es ist, den Betrieb transparent zu führen und für ein offenes Gesprächsklima zu sorgen«, so einer der Junioren im Gespräch mit den Mitarbeitern.

Ich empfinde große Dankbarkeit für die sieben Jahre, die ich das Familienunternehmen Karl Russ begleiten durfte. Ich danke besonders den vier Gesellschaftern für das Vertrauen, die Offenheit und die Kontinuität in unserer Zusammenarbeit. Ich weiß sehr zu schätzen, für sie nicht nur der Coach gewesen zu sein, sondern immer auch »säkularer Seelsorger« und »Hofnarr«.

In dieser Position konnte ich so manche offenherzige und nicht selten auch provokative Rückmeldung geben. Die Bereitschaft, sich nicht zu verstecken, sondern sich mit ihrem ganzen Menschsein offen zu zeigen, ist einzigartig für ein Unternehmen! Die Verleihung des Siegertitels an das Autohaus Karl Russ im Bundeswettbewerb »Erfolgreicher Stabswechsel« war daher nicht wirklich überraschend. Seine Anerkennung brachte der Bundeswirtschaftsminister bei der Preisübergabe am 1. Februar 2011 mit den Worten zum Ausdruck: »Die Preisträger haben gezeigt, wie Unternehmensübergabe familienintern vorbildlich gestaltet werden kann. Sie sind ausgezeichnete Beispiele für einen gelungenen Generationswechsel im Mittelstand.«

Arbeit und Leben: Jetzt! – Die Fish-Philosophie

Vielleicht gehören Sie zu den Menschen, die gute Gründe haben, an einer Arbeit festzuhalten, die sie nicht mögen. Dass es möglich ist, in jede berufliche Tätigkeit mehr Lebensfreude und Leichtigkeit zu bringen, zeigt die »Fish-Philosophie«.[32]

Der Dokumentarfilm »Fish« wurde von John Christensen ganz spontan bei seinem Besuch des Fischmarktes in Seattle gedreht. Christensen war einfach nur begeistert von den Fischverkäufern, die in der feucht-kalten Halle am Pike-Place-Market ihre körperlich schwere Arbeit mit viel Spaß verrichten. Sie sind fröhlich, haben Freude am Anpreisen, Abwiegen und Verkaufen ihrer Ware, sind im spielerischen Kontakt mit ihren Kunden, sie singen und lachen und haben ihre speziellen Verkaufsrituale. Der Film wurde über Nacht zum meistverkauften Video im Business-Bereich, erst im Nachhinein erschien das sogenannte »Fish-Buch«, in dem die Autoren der positiven Arbeitseinstellung auf den Grund gehen.

Die Fish-Philosophie beschreibt vier Faktoren, die einen direkten Einfluss auf unsere verborgenen Energiequellen haben. Die Hinweise sind so konkret und pragmatisch, dass auch Sie jederzeit und an jedem Ort mit der Umsetzung anfangen können – am besten: Jetzt!

1. Die eigene Einstellung wählen

Die Fischhändler des Pike-Place-Marktes stehen sehr früh auf, ihre Arbeit ist körperlich anstrengend und das Arbeitsumfeld wenig einladend. Dennoch entscheiden sich die Männer in jedem Moment dafür, ihre Arbeit positiv zu betrachten.

Auch Sie wählen die Einstellung zu Ihrer Arbeit. Es liegt in Ihrer Verantwortung, ob Sie innerlich »Ja« oder »Nein« zu Ihrer Arbeit sagen. Und Sie haben die Möglichkeit, Ihre Einstellung jederzeit zu verändern. Entscheiden Sie sich für eine akzeptierende Haltung!

2. Präsent sein

Egal was sie tun, die Fischhändler sind mit ihrer ganzen Aufmerksamkeit dabei. Kunstfertig und mit Sorgfalt zerlegen sie ihre Ware, sie sind in Kontakt mit ihren Kollegen, sie nehmen zu jedem Kunden Blickkontakt auf und hören ganz genau zu.

Auch Sie können jedem Moment Ihrer beruflichen Tätigkeit ungeteilte Aufmerksamkeit schenken. Es liegt in Ihrer Hand, ob Sie Ihre Arbeit mechanisch verrichten oder sich zu 100 Prozent der gerade anstehenden Aufgabe widmen. Öffnen Sie sich für die Präsenz in jedem Augenblick!

3. Spielen

Die Fischhändler haben offensichtlich Spaß bei ihrer Arbeit. Sie sind spontan, kreativ und erfinden spielerische Rituale, die sie mit Freude ausführen. Wenn man ihnen zuschaut, springt der Funke über.

Auch Sie können spielerische Energie in Ihre berufliche Betätigung bringen. Spielen und Arbeiten sind keine Gegensätze. Spielen begünstigt das Finden kreativer Lösungen. Egal, wie langweilig oder ernsthaft Ihre Arbeit ist, mit einer spielerischen und humorvollen Einstellung geht sie leichter von der Hand. Erlauben Sie sich, »spielend« zu arbeiten!

4. Anderen eine Freude bereiten

Die Fischhändler behandeln jeden Kunden mit großer Freundlichkeit und Wertschätzung, unabhängig davon ob und wie viel Fisch er tatsächlich einkauft.

Auch Ihnen steht es frei, die anderen so zu behandeln, wie Sie selbst behandelt werden wollen. Warten Sie nicht darauf, dass Ihre Kollegen, Ihr Chef, Ihre Kunden freundlich und zugewandt zu Ihnen sind, sondern fangen Sie einfach damit an. Bereiten Sie anderen eine Freude!

Jeder Versuch, die Fischhändler vom Pike-Place-Markt zu kopieren, wird fehlschlagen – es sei denn, Sie sind selbst einer dieser Fischhändler. Zunächst einmal geht es darum, sich von der »Fish-Philosophie« berühren zu lassen. Nutzen Sie die Fischhändler als Inspirationsquelle und »übersetzen« Sie die vier Grundhaltungen für Ihre eigene Arbeitssituation. Lassen Sie sich überraschen, was dann passiert!

Unser Arbeitsplatz

Wenn Sie dieses Gebäude betreten, bitte *entscheiden* Sie sich dafür, diesen Tag zu einem guten Tag zu machen. Ihre Kollegen, Kunden, Mitarbeiter und Sie selbst werden Ihnen dafür dankbar sein. Finden Sie Möglichkeiten, *spielerisch* an die Arbeit heranzugehen. Wir können unsere Arbeit ernst nehmen ohne dabei uns selbst über die Maßen ernst zu nehmen. Bleiben Sie am Ball, damit Sie *präsent* sind, wenn Ihre Kunden oder Mitarbeiter Sie brauchen. Und wenn Sie bemerken, dass Ihre Energie nachlässt, so gibt es ein absolut sicheres Gegenmittel: Finden Sie jemanden, der Hilfe braucht, ein Wort der Unterstützung oder einen aufmerksamen Zuhörer – *und bereiten Sie ihm einen schönen Tag.*

Stephen C. Ludin, Harry Paul, John Christensen

Timeout-Übung 6:

Achtsames Gehen

Gönnen Sie sich jetzt eine Zeit für *achtsames Gehen*. Hören Sie auf der beiliegenden CD die Timeout-Übung 5. Gehen Sie bewusst um des Gehens willen – entschleunigt, neugierig und ohne Ziel. Lassen Sie sich Zeit, die Übung in Ruhe zu beenden.

7. Sich selbst lieben – mit Herz, Hingabe und Humor

Du hast das Recht, dich selbst zu lieben.
Du darfst bei dir sein, dich bei dir wohl fühlen,
dich entdecken und kennenlernen, wie man
einen geliebten Menschen kennenlernt.
Ulrich Schaffer

Haben Sie schon einmal darüber nachgedacht, wen Sie am meisten lieben? Ihren Partner? Ihre Frau? Ihre Kinder? Spontan gefragt, sind dies die häufigsten Antworten. Doch der Mensch, mit dem wir ein Leben lang auskommen müssen mit all seinen Launen und Schrulligkeiten, dessen Stärken und Schwächen wir am besten kennen, der immer da ist, auch wenn es niemanden mehr im Außen gibt, der Mensch sind Sie selbst!

Eigentlich wäre es naheliegend, sich selbst eine Art »Eheversprechen« zu geben, ein feierliches Gelöbnis, sich zu achten und zu lieben in guten wie in schlechten Zeiten. Doch dieses Versprechen geben wir – wenn überhaupt – einem anderen Menschen. Uns selbst »zu heiraten«, kommt uns komisch vor. In der Tiefe unseres Herzens sind wir nicht vertraut mit dem Gedanken der Selbstliebe.

Wir alle kennen das christliche Gebot »Liebe Deinen Nächsten wie Dich selbst.« Es ist die Kernaussage des Neuen Testaments und damit Grundlage unserer abendländischen Kultur. Was in einem Satz klar und eindeutig ausgesprochen ist, haben die wenigsten Menschen verstanden. Selbstliebe wird häufig mit Selbstsucht gleichgesetzt, dabei ist Selbstsucht die Folge von fehlender Selbstliebe. Wer sich nicht liebt, kann auch keine anderen lieben.

Der Mangel an Selbstliebe erzeugt ein Gefühl innerer Leere, Frustration und Enttäuschung. Anstatt diese unangenehmen Gefühle wahrzunehmen und anzunehmen, wenden wir uns von uns selbst ab. Wir versuchen, im Außen unsere Unzufriedenheit zu überwinden, indem wir die fehlende Bestätigung von anderen Menschen erhoffen. Meist ist das der Partner, dem wir sagen: »Ohne Dich kann ich nicht leben!« Dies hat genauso wenig mit Liebe zu tun wie das scheinbar selbstlose Kümmern um andere Menschen, das wir als Nächstenliebe verkaufen. In beiden Fällen vertuschen wir den eigenen Mangel und die fehlende Liebe zu uns selbst.

> Die Wurzel alles Bösen in der Welt ist der Mangel an Liebe zu sich selbst.
>
> *Thomas von Aquin*

Wir haben nicht gelernt, uns mit Liebe zu beschenken. Diejenigen, die es uns hätten vorleben und vermitteln können, sind selbst in einem Klima der fehlenden Selbstliebe groß geworden. Kinder übernehmen die innere Einstellung ihrer Eltern. Wenn Eltern aus Liebe zu ihren Kindern immer wieder zurückstecken, so pflanzen sie damit in ihre Kinder die Botschaft ein: »Wenn Du andere liebst, dann musst Du zurückstecken!« Vor allem die Generation der Kriegskinder ist mit dieser Botschaft groß geworden und hat sie unbewusst an die nächste Generation weitergegeben. Aber auch die unzähligen Negativbotschaften, mit denen Kinder und Jugendliche aufwachsen, prägen ihr Selbstbild. Der Fokus von Erziehenden ist viel stärker auf Veränderung ausgerichtet als auf Ermutigung und Annahme.

Üblicherweise gibt es für Heranwachsende auch keine anderen Zusammenhänge, in denen die Kunst der Selbstliebe gelehrt oder selbstverständlich vorgelebt wird. In der Schule arbeiten zu viele Lehrer, die sehr mit sich und ihren eigenen Überforderungen zu tun haben. Lehrer belegen einen Spitzenplatz beim Thema Burnout und sind damit meist kein gutes Vorbild, wie man mit den Herausforderungen des Lebens angemessen umgehen kann. Auch von einem Schulfach »Selbstliebe« sind wir noch weit entfernt.

Diejenigen, die sich beruflich um die körperliche Gesundheit von Menschen kümmern, sind Ärzte. Den »Göttern in Weiß« vertrauen sich Patienten nicht selten mit ihrem Leben an. Wenn es um ihre eigene Gesundheit oder sogar um ihr Leben geht, sind Ärzte häufig verantwortungslos – sie sind die Berufsgruppe mit der höchsten medikamentösen Abhängigkeit und der größten Suizidrate.

Theologen sind zuständig für Fragen rund um das Geheimnis von Sinn, Glauben und Liebe. In der kirchengeschichtlichen Tradition wurde die Selbstliebe häufig verächtlich gemacht. Pfarrer und Priester betonten viel zu oft nur die Schattenseiten der Selbstliebe und predigten die Überwindung von Selbstsucht, Egoismus und Nazismus. Bis heute durchbrechen nur wenige Theologen diese Tradition und werden zu offensiven Ermutigern in Sachen Selbstliebe.

Es geht uns nicht darum, Eltern oder bestimmte Berufsgruppen zu tadeln.

Es geht uns darum aufzuzeigen, dass gerade diejenigen Menschen, die Heranwachsende in den Jahren ihrer emotionalen und geistigen Entwicklung prägen, selbst meist keinen Zugang zur lebensverändernden Kraft der Selbstliebe haben.

Um einen liebevollen, wertschätzenden Umgang mit uns selbst zu finden und zu kultivieren, müssen wir uns daher selbst auf den Weg machen. Und dieser Weg wird uns mitten hineinführen in unser eigenes Herz.

Sich dem eigenen Herzen zuwenden

Die Herzensbeziehung zu uns selbst ist das Fundament, auf dem wir alle Beziehungen zu anderen Menschen aufbauen. Wenn wir keine tiefe und innige Beziehung zu uns selbst haben, können wir auch andere nicht lieben.[33] Jeder Bauherr weiß, wie wichtig ein solides Fundament ist. Er käme nicht auf die

Idee, ein Haus auf Sand zu bauen. Im Bezug auf die Liebe ist uns dieser Zusammenhang nicht so klar. Viel zu sehr haben wir uns an den lieblosen Umgang mit uns selbst gewöhnt. Wir sind voller Selbstvorwürfe und Kritik, überschreiten häufig unsere Grenzen bis zur Selbstausbeutung. Und nicht selten gehen wir auch noch hart mit uns ins Gericht, wenn wir erkennen, wie instabil unser eigenes Fundament ist.

> Niemanden behandeln wir so schlecht wie uns selbst.
>
> *Kristin Neff*

Eine Herzensbeziehung zu sich selbst einzugehen ist eine bewusste Entscheidung. Ich entschließe mich, zu mir selbst eine dauerhafte und tiefe Liebesbeziehung aufzubauen. Ich verspreche mir, zu mir selbst zu stehen und mir treu zu sein.

Der Entschluss, mich selbst uneingeschränkt zu lieben, beinhaltet auch, mich mit allen Licht- und Schattenseiten[34] anzunehmen, so wie ich heute bin einschließlich meiner Vergangenheit. Ich entscheide mich dafür alles zu akzeptieren, was ich denke, fühle und tue, und auch alles, was ich jemals gedacht, gefühlt und getan habe. Ich habe immer getan, was mir möglich war, so gut ich konnte und ich sage aus vollem Herzen »Ja« zu dem, was ich bin: ein unverwechselbarer, einzigartiger und zutiefst liebenswerter Mensch.

Meine Selbstannahme gibt mir nun die Freiheit, immer mehr das zu unterlassen, was mir schadet. Die Liste ist lang: Zweifel, Selbstverachtung, Scham, Schuld, Selbstkritik, Geringschätzung, Vorwürfe, Zurückweisung von Komplimenten, Selbsterniedrigung, Klagen, Vergleiche mit anderen, Rückzug – dies alles und vieles mehr ist überflüssig, sobald ich den Weg der Selbstliebe[35] einschlage. In jedem Moment meines Lebens kann ich mich entscheiden, negative Gedanken und Verhaltensweisen einzustellen und neugierig zu beobachten, wie mein innerster Wesenskern aufblüht.

Je mehr ich mich mir selbst zuwende, desto unabhängiger werde ich von der Meinung Anderer, ihrer Anerkennung und Zuwendung. Mein Blick richtet sich mehr und mehr von außen nach innen. Aus der Haltung des inneren Beobachters erforsche ich neugierig und interessiert mein Denken, meine Gefühle, meine Körperempfindungen und mein Verhalten. Mein eigenes tiefes Wissen über all das, was mir gut tut, mich unterstützt und nährt, kann sich entfalten. Es wird immer selbstverständlicher, in Dankbarkeit zu würdigen was ist, mich selbst gut zu behandeln, in wertschätzender Weise über mich zu denken, meinem Körper all das zu geben, was er braucht und mich dem Leben anzuvertrauen.

Es ist ein lebenslanger Akt gelebter Liebe, sich selbst immer wieder neu willkommen zu heißen sowohl in der Einzigartigkeit und den Begabungen als auch im Zerbrochensein[36] und im Schmerz.

Die wichtigste Lebensaufgabe besteht darin, die gelebte Selbstliebe zum Fundament des eigenen Lebens werden zu lassen. Die Selbstliebe ist das größte Geschenk, das wir uns und anderen machen können.

In einem tief anrührenden Text fassen Kim und Alison Mc Millen in Worte, was geschehen kann, wenn man sich selbst zu lieben beginnt.

Als ich mich wirklich selbst zu lieben begann, habe ich verstanden, dass ich immer und bei jeder Gelegenheit zur richtigen Zeit am richtigen Ort bin und dass alles, was geschieht, richtig ist – von da an konnte ich ruhig sein. Heute weiß ich: Das nennt man **Vertrauen.**

Als ich mich selbst zu lieben begann, konnte ich erkennen, dass emotionaler Schmerz und Leid nur Warnungen für mich sind, gegen meine eigene Wahrheit zu leben. Heute weiß ich, das nennt man **Authentisch-Sein.**

Als ich mich selbst zu lieben begann, habe ich aufgehört, mich nach einem anderen Leben zu sehnen, und konnte sehen, dass alles um mich herum eine Aufforderung zum Wachsen war. Heute weiß ich, das nennt man **Reife.**

Als ich mich selbst zu lieben begann, habe ich aufgehört, mich meiner freien Zeit zu berauben und ich habe aufgehört, weiter grandiose Projekte für die Zukunft zu entwerfen. Heute mache ich nur das, was mir Spaß und Freude bereitet, was ich liebe und mein Herz zum Lachen bringt, auf meine eigene Art und Weise und in meinem Tempo. Heute weiß ich, das nennt man **Ehrlichkeit.**

Als ich mich selbst zu lieben begann, habe ich mich von allem befreit was nicht gesund für mich war, von Speisen, Menschen, Dingen, Situationen und von Allem, das mich immer wieder hinunterzog, weg von mir selbst. Anfangs nannte ich das »gesunden Egoismus«, aber heute weiß ich, das ist **Selbstliebe.**

Als ich mich selbst zu lieben begann, habe ich aufgehört, immer recht haben zu wollen, so habe ich mich weniger geirrt. Heute habe ich erkannt, das nennt man **Demut.**

Als ich mich selbst zu lieben begann, habe ich mich geweigert, weiter in der Vergangenheit zu leben und mich um meine Zukunft zu sorgen. Jetzt lebe ich

Dem Leben keinen Widerstand entgegenzusetzen bedeutet, in einem Zustand von Gnade, Mühelosigkeit und Leichtigkeit zu sein. In vier Worten liegt das Geheimnis der Lebenskunst: Eins mit dem Leben.

Eckhart Tolle

*nur noch in diesem Augenblick, wo ALLES stattfindet, so lebe ich heute jeden Tag und nenne es **Bewusstheit.***

*Als ich mich selbst zu lieben begann, da erkannte ich, dass mich mein Denken armselig und krank machen kann. Als ich jedoch meine Herzenskräfte anforderte, bekam der Verstand einen wichtigen Partner. Diese Verbindung nenne ich heute **Herzensweisheit.***

*Wir brauchen uns nicht weiter vor Auseinandersetzungen, Konflikten und Problemen mit uns selbst und anderen fürchten, denn sogar Sterne knallen manchmal aufeinander und es entstehen neue Welten. **Heute weiß ich, das ist das Leben!***[37]

Hingabe an die Praxis der Achtsamkeit

Wie bei jeder anderen Kunst geht es auch bei der Lebenskunst der Achtsamkeit darum, sich mit Hingabe diesem neuen Weg zu widmen und ihn Schritt für Schritt einzuüben. Es wird Zeiten geben, in denen es Ihnen leicht fällt, einen liebevollen Umgang sich selbst gegenüber zu kultivieren. Dann wieder kommen Zeiten voller innerer und äußerer Herausforderungen, die es Ihnen schwer machen, dabei zu bleiben. Neben der Entschlossenheit, sich wirklich auf den Weg zu machen, hilft Ihnen Ihre ganz persönliche Vision von einem Leben in Achtsamkeit dabei, die unvermeidbaren Phasen von Unlust durchzustehen.[38]

Beginnen Sie, achtsame Selbstliebe in Ihrem Alltag zu praktizieren, indem Sie sich Zeiten für die Selbstbegegnung nehmen. Es mag zunächst ungewohnt sein, Zeiten in Stille und mit sich selbst allein zu verbringen, ohne etwas zu organisieren, zu erschaffen oder zu erledigen. Vielleicht löst diese Vorstellung sogar Unbehagen oder Angst aus. Doch nur, wenn wir uns wirklich darauf einlassen, mit uns selbst zu sein, können wir die Stimme unseres Herzens hören.

Timeout-Tagebuch

Nehmen Sie sich Zeit, um sich über Ihre Vision klar zu werden.

- Was will ich erreichen?
- Was bin ich bereit für meine Vision aufzugeben?
- Welches Lebensgefühl werde ich haben, wenn meine Wünsche erfüllt sind?

Es wird Sie auf Ihrem Weg sehr unterstützen, immer wieder mit Menschen gemeinsam zu praktizieren und sich über Ihre Erfahrungen auszutauschen. So erfahren Sie Ermutigung, Inspiration und neue Motivation.

Der Journalist Tiziano Terzani äußerte sich über die Stille am Ende seines Lebens wie folgt: »Wer ein Problem hat, hält nur allzu selten inne, um in der Stille auf die Stimme seines Herzens zu horchen. Wir moderne Menschen versuchen die Stille, wo es geht, zu vermeiden, haben fast Angst vor ihr, vielleicht weil wir sie mit dem Tod gleichsetzen. Wir haben es uns abgewöhnt, still, allein zu sein. Drückt uns ein Problem oder spüren wir, dass uns Verzweiflung überkommt, betäuben wir uns lieber rasch mit irgendeinem Lärm oder mischen uns unter Leute, anstatt uns einen stillen, abgeschiedenen Ort zu suchen, innezuhalten und über die Sache nachzudenken. Ein Fehler, denn die Stille ist eine Urerfahrung des Menschen. Nur in der Stille ist es möglich, wieder in Einklang zu kommen mit sich selbst, die Bindung wiederherzustellen zwischen unserem Körper und allem, was jenseits dessen liegt.«[39]

Die Zeit der Selbstbegegnung, allein und in Stille, kann sehr unterschiedlich aussehen. Wir haben in den Jahren der Beschäftigung mit der Praxis der Achtsamkeit gute Erfahrungen mit folgenden Wegen der Selbstbegegnung gemacht, die wir Ihnen nachfolgend vorstellen. Wir laden Sie herzlich ein, diese Praktiken in Ihren Alltag zu integrieren.

Geben Sie der Dankbarkeit mehr Raum in Ihrem Leben.
Nehmen Sie sich am Anfang und am Ende eines Tages Zeit für Dankbarkeit. Werden Sie sich bewusst, wofür Sie in Ihrem Leben dankbar sind. Sagen Sie anderen Menschen »Danke«. Suchen Sie Gelegenheiten, in denen Sie anderen eine Freude bereiten. Genießen Sie die alltäglichen Selbstverständlichkeiten, denn sie sind nicht selbstverständlich.

Kultivieren Sie Stille.
Gehen Sie regelmäßig in die Stille, mindestens einmal am Tag. Beginnen Sie mit 15 Minuten. Wenden Sie sich in dieser Zeit ausschließlich sich selbst zu und praktizieren Sie die Timeout-Übungen dieses Buches (CD, Track 2–6). Wenn Sie mit anderen Menschen zusammen wohnen, bitten Sie darum, in

dieser Zeit nicht gestört zu werden. Ein fester Ort und die gleichbleibende Zeit erleichtern es, sich selbst die Zeit für Stille zu nehmen.

Unterbrechen Sie Ihren Alltag durch achtsames Innehalten.
Gewöhnen Sie sich an, immer wieder bewusst innezuhalten und Ihren Atem zu spüren. Machen Sie ein paar tiefe Atemzüge oder praktizieren Sie das achtsame Innehalten (CD, Track 1). Lassen Sie sich etwas einfallen, was Sie im Alltag daran erinnert. Markieren Sie einen Gegenstand, den Sie regelmäßig sehen oder in die Hand nehmen: Ihr Handy, den Badezimmerspiegel, Ihren Computer, oder legen Sie ein entsprechendes Symbol an eine Stelle, an der Sie oft vorbeikommen. Sie können auch immer dann, wenn Sie im Alltag warten müssen, achtsames Innehalten praktizieren, während Ihr PC hochfährt, Sie an einer roten Ampel stehen oder in der Schlange an der Supermarktkasse. Wer viel am Computer arbeitet, kann sich auch durch ein entsprechendes Programm ans achtsame Innehalten erinnern lassen.[40]

> Nichts ist so wichtig wie die regelmäßige Praxis. Die einzige Möglichkeit, um sie am Leben zu erhalten, ist, zu praktizieren. Sie muss so wichtig werden wie essen und trinken, ein richtiges Bedürfnis. Das allerwertvollste Geschenk, das Sie sich machen können, ist die tägliche Zeit des bewussten Nicht-Tun.
>
> *Jon Kabat-Zinn*

Bringen Sie Präsenz in Ihr Tun.
Schenken Sie allem, was Sie tun, Ihre Aufmerksamkeit. Wenn Sie telefonieren, dann telefonieren Sie und schauen nicht gleichzeitig die Post oder E-

Mails durch. Wenn Sie essen, dann essen Sie und vermeiden den Blick in die Zeitung. Leben Sie jeden Augenblick Ihres Lebens so bewusst wie möglich.

Nehmen Sie regelmäßig geistige Nahrung zu sich.
Kümmern Sie sich um Ihr inneres Wachstum und lassen Sie sich inspirieren von den Werken der Menschen, die über die Lebenskunst Achtsamkeit Bücher schreiben, Seminare geben oder Vorträge halten. Eine Zusammenstellung von Büchern, die uns inspiriert haben, finden Sie im Literaturverzeichnis dieses Buches.

> Ich habe die wichtigsten Entscheidungen für mein Leben, für meine Ehe und für meine Arbeit in der Stille getroffen. Aber nicht, indem ich sie getroffen hätte. Sondern eher in dem Sinne, dass ich in meinem Inneren auf sie getroffen bin. Ich konnte in solchen Momenten spüren, wie mir alles einfach zufloss.
>
> *Eva-Maria Zurhorst*

Erforschen Sie sich durch Tagebuchschreiben.
Schreiben Sie auf, was Ihnen in Ihrem Leben wichtig ist. Durch die schriftliche Beschäftigung mit Fragen des menschlichen Daseins intensivieren Sie Ihren inneren Bewusstwerdungsprozess, Sie gewinnen Klarheit über Ihren eigenen Weg. Die Timeout-Fragen dieses Buches enthalten eine Vielzahl von Anregungen, um sich tiefer kennenzulernen.

Gönnen Sie sich regelmäßige Auszeiten!
Reservieren Sie regelmäßige Zeiten im Jahr, in denen Sie ein paar Tage bewusst aus Ihrem Alltag aussteigen. Ein Wochenende im Kloster, ein Schweigekurs oder ein Wüstenretreat[41] schaffen den Rahmen, nicht nur äußerlich

zu schweigen, sondern auch innerlich zur Ruhe zu kommen. Gönnen Sie in dieser Zeit dem Verstand eine Pause, indem Sie weder sprechen noch lesen oder schreiben.

Innere Freiheit durch Humor gewinnen

Als Menschen machen wir Fehler, wir sind unvollkommen, handeln unbewusst und unüberlegt, manchmal sind wir träge und immer wieder auch inkonsequent. Wir bringen uns selbst in Schwierigkeiten und dann ärgern wir uns darüber. Wenn Sie das nächste Mal in Schwierigkeiten stecken, dann betrachten Sie die Situation mit der versöhnlichen Brille des zeitlichen Abstands. Malen Sie sich aus, was von Ihrem Ärger in ein paar Wochen, Monaten oder Jahren noch übrig sein wird. Vielleicht können Sie sogar etwas Komisches an der Situation finden.

> Humor ist einer der wichtigsten Schlüssel zur inneren Freiheit.
> *Michael von Brück*

Fehler und Unvollkommenheiten machen uns menschlich, sie verbinden uns miteinander. Der Humor gibt uns die innere Freiheit, mit der Unvollkommenheit zu leben – er ist das Salz in der Suppe unseres Menschseins.

Als geborene Rheinländer haben wir eine Affinität zu Köln und damit auch zum »Kölner Grundgesetz«. Auf humorvolle und tiefgründige Weise sind hier die wichtigsten Lebensregeln zusammengefasst. Wer innerlich frei werden will, »sollte« sich an diese elf Paragraphen halten!

Et kölsche Jrundjesetz

§ 1: Et es, wie et es!
Sieh den Tatsachen ins Auge!

§ 2: Et kütt, wie et kütt!
Habe keine Angst vor der Zukunft!

§ 3: Et hätt noch immer jot jejange!
Lerne aus der Vergangenheit!

§ 4: Wat fott es, es fott!
Jammere den Dingen nicht nach!

§ 5: Et bliev nix, wie et wor!
Sei offen für Neuerungen!

§ 6: Kenne mer nit, bruche mer nit, fott domet!
Seid kritisch, wenn Neuerungen überhandnehmen!

§ 7: Wat wellste maache?
Füge Dich in Dein Schicksal!

§ 8: Maach et jot, äver nit ze of!
Achte auf Deine Gesundheit!

§ 9: Wat sull dä Quatsch?
Stelle immer erst die Universalfrage!

§ 10: Dringste eine met?
Komme dem Gebot der Gastfreundschaft nach!

§ 11: Do laachs dich kapott!
Bewahre Dir eine gesunde Einstellung zum Humor!

Timeout-Übung 7:

Achtsames Teetrinken

Gönnen Sie sich jetzt eine Zeit für *achtsames Teetrinken*. Kochen Sie sich einen Tee (oder Kaffee). Genießen Sie Ihr Getränk Schluck für Schluck und nehmen Sie mit allen Sinnen wahr, was von Moment zu Moment geschieht. Lassen Sie sich Zeit, die Übung in Ruhe zu beenden.

8. Achtsamkeit am Arbeitsplatz: Vision und Engagement

Die Arbeit geht leichter von der Hand und nimmt an Qualität zu,
wenn die Schwingungen zwischen engagierter Zeit und Muße,
zwischen Tun und Lassen in einen vernünftigen
und angemessenen Rhythmus gebracht werden.
Paul J. Kohtes

Viele Mitarbeiter und Führungskräfte betreiben wahren Raubbau mit ihrer Gesundheit und missachten die Warnsignale des Körpers. Der berufliche Leistungsdruck, die enorme Veränderungsgeschwindigkeit, die Arbeitsverdichtung durch den Wegfall von Arbeitsplätzen, die Hetze von Termin zu Termin, fehlende Tiefenentspannung, Konflikte am Arbeitsplatz sind – gepaart mit unzureichender Selbstverantwortung – die Ursachen dafür, dass Gesundheit und Wohlbefinden immer öfter auf der Strecke bleiben. Gesundwerden und Gesundbleiben ist kein selbstverständlicher Zustand. Nur wer aktiv etwas für sich tut, kann den Stress bewältigen, nur wer Verantwortung für sich und seinen Körper übernimmt, kann aus eingefahrenen Gleisen ausbrechen. Um den wachsenden Herausforderungen und Turbulenzen unseres Alltags angemessen begegnen zu können, benötigen wir wirksame Gegenpole: Innehalten, Entschleunigung, Achtsamkeit und Stille.

Und wir benötigen Menschen, für die Achtsamkeit eine selbstverständliche Grundlage ihres Lebens ist und die darüber hinaus in der Lage sind, Achtsamkeit am Arbeitsplatz zu kultivieren.

Unsere Vision ist die Kultivierung von Achtsamkeit am Arbeitsplatz als Ausweg aus der Stress- und Burnout-Falle

Aus unseren langjährigen Erfahrungen mit Mitarbeitern und Führungskräften in den unterschiedlichsten beruflichen Zusammenhängen und unseren Ausbildungskursen in achtsamkeitsbasierten Verfahren haben wir das *Training Achtsamkeit am Arbeitsplatz (TAA)* entwickelt, mit dem ein Ausweg aus der Stress- und Burnout-Falle möglich ist.

In der einjährigen *Trainerausbildung Achtsamkeit am Arbeitsplatz* qualifizieren wir Menschen, unser *Training Achtsamkeit am Arbeitsplatz (TAA)* durchzuführen und in den unterschiedlichsten beruflichen Zusammenhängen zu verankern. Die *Trainerausbildung Achtsamkeit am Arbeitsplatz* richtet sich an Menschen, die

- wirkungsvolle Maßnahmen gegen die zunehmende Stress- und Burnout-Falle im beruflichen Kontext implementieren wollen,
- einen alltagstauglichen und weltanschaulich neutralen Ansatz zur systematischen Schulung der Achtsamkeit suchen,
- daran interessiert sind, Achtsamkeit zu erleben und einzuüben,
- andere Menschen – insbesondere am Arbeitsplatz – auf ihrem Weg zu mehr Achtsamkeit begleiten wollen,

- an einer professionellen Schulung interessiert sind, um das *Training Achtsamkeit am Arbeitsplatz (TAA)* im beruflichen Kontext durchführen zu können.

Die Vorteile des *Trainings Achtsamkeit am Arbeitsplatz (TAA)* liegen auf der Hand: Menschen, die Achtsamkeit praktizieren, leiden seltener unter Anspannung, Ängstlichkeit, Nervosität, Schlaflosigkeit, Depression, Konzentrationsmangel, Erschöpfung und körperlichen Stress-Symptomen[42]. Sie arbeiten gerne und engagiert, sie sind flexibler und kreativer und finden schneller eine gesunde Balance zwischen außenorientiertem Tun und innenorientiertem Rückzug. Sie haben ein tieferes Verständnis für sich selbst und damit auch für andere Menschen. Herausfordernde Erfahrungen gehören für sie zum Leben dazu – sie fühlen sich nicht als Opfer, sondern als Gestalter ihres Lebens.

Um diese Vision zu realisieren, ist eine verstärkte Aufklärungsarbeit über die Hintergründe von körperlicher und psychischer Erschöpfung in Betrieben und Institutionen nötig. Darüber hinaus bedarf es einer fundierten Qualifizierung von Menschen, die achtsamkeitsfördernde Angebote am Arbeitsplatz durchführen wollen sowie der Implementierung des *Trainings Achtsamkeit am Arbeitsplatz (TAA)* durch die Bereitstellung von Räumen und Zeiten *während* der Arbeitszeit.

Seit 2007 bilden wir Menschen aus, die *während* der Arbeitszeit Angebote in achtsamkeitsbasierten Verfahren am Arbeitsplatz durchführen. Dabei begeistert uns immer wieder, wie kreativ Arbeitnehmer und Arbeitgeber werden, wenn es darum geht, in den unterschiedlichsten Arbeitszusammenhängen entsprechende innerbetriebliche Maßnahmen zur Kultivierung von Achtsamkeit strukturell zu installieren.[43]

Unser Engagement zeigt, wie Achtsamkeit in fünf Schritten an den Arbeitsplatz gebracht werden kann:

1. **Informationsphase:** Durch Vorträge und Seminare schaffen wir bei Führungskräften und Mitarbeitenden ein Bewusstsein dafür, dass es gesundheitsschädigend ist, ohne bewusstes Innehalten über einen längeren Zeitraum zu arbeiten. Mittelmäßige Arbeitsergebnisse, wenig Kreativität und vor allem ein hoher Krankenstand sind die Folge. Ein konstruktiver Umgang mit erhöhten Anforderungen und Stress kann nur gelingen, wenn auch im beruflichen Alltag Zeiten der Entspannung, der Stille, der Entschleunigung und des Innehaltens selbstverständlich sind. Die Implementierung von Maßnahmen für die aktive Gesundheitsförderung ist integraler Bestandteil der Fürsorgepflicht, die Vorgesetzte sich selbst und ihren Mitarbeitenden gegenüber haben, daher laden wir zu entsprechenden Informationsveranstaltungen über die lebensverändernde Kraft der Achtsamkeit im Berufsleben vor allem die Führungskräfte ein.

2. **Schulungsphase:** Ausgewählte Mitarbeiter und Führungskräfte werden in den unterschiedlichen Wegen der Achtsamkeit intensiv geschult. Sie erleben unser *Training Achtsamkeit am Arbeitsplatz (TAA),* üben dieses

ein und lernen, andere Menschen in diesen Verfahren professionell anzuleiten.

3. **Umsetzungsphase:** Die Absolventen der Trainerausbildung bieten an ihren Arbeitsstellen für interessierte Mitarbeitende und Führungskräfte das 10-wöchige *Training Achtsamkeit am Arbeitsplatz (TAA)* an. Die Teilnehmenden treffen sich in einer festen Gruppe einmal wöchentlich für 30 Minuten.

4. **Vertiefungsphase:** Sobald alle interessierten Mitarbeitenden und Führungskräfte das zehnwöchige Achtsamkeitstraining durchlaufen haben, richten die geschulten Trainer für Achtsamkeit am Arbeitsplatz »offene Gruppen« ein. Zu den feststehenden Terminen können alle Personen kommen, die am zehnwöchigen *Training Achtsamkeit am Arbeitsplatz (TAA)* teilgenommen haben. Sie haben jetzt die Gelegenheit, einmal wöchentlich das Gelernte unter Anleitung zu vertiefen.

5. **Betreuungsphase:** Mindestens einmal im Jahr erhalten alle Trainer für Achtsamkeit am Arbeitsplatz einen Supervisions- und Vertiefungstag, an dem sie das Gelernte auffrischen, Fragen klären und neue Impulse zur Vermittlung von Achtsamkeit erhalten.

Das *Training Achtsamkeit am Arbeitsplatz (TAA)* ist ein innovatives Konzept, um den alltäglichen Herausforderungen angemessen zu begegnen und eine menschlichere Kultur der Arbeit entstehen zu lassen. Auf unserer Homepage www.achtsamkeit-am-arbeitsplatz.de finden Sie aktuelle Ausführungen zu unserer Vision: das Basisseminar »Timeout statt Burnout«, das fundierte Qualifizierungsangebot »Trainerausbildung Achtsamkeit am Arbeitsplatz«, regelmäßige Arbeitskreistreffen, Literaturhinweise und vieles andere mehr.

Nachwort

Unsere Taten müssen vor allem
ein Ausdruck der Freiheit sein,
sonst gleichen wir Rädern, die sich drehen,
weil sie von außen dazu gezwungen werden.
Rabindranath Tagore

Das Buch wäre nicht entstanden ohne die vielen Tausend Teilnehmenden, denen wir in den fast dreißig Jahren unserer beruflichen Tätigkeit begegnet sind. Ihre Fragen und Anregungen haben unsere Arbeit inspiriert und uns zum Weiterdenken angeregt. Mit der Zeit schälte sich immer klarer heraus, welche Veränderungsprozesse notwendig sind, um die Lebenskunst Achtsamkeit wirksam im Alltag zu verankern. Mit großer Dankbarkeit erinnern wir uns an die Studentinnen und Studenten in unseren universitären Seminaren, an die Mitglieder der unterschiedlichen Selbsthilfegruppen, an die Führungskräfte aus Unternehmen und der öffentlichen Verwaltung, an die Dozierenden der Hochschulen und an die Teilnehmenden unserer Seminare. Sie alle haben mit uns in wöchentlichen Treffen, in Seminaren und Coachings zusammengearbeitet und sie haben unsere Art zu lehren entscheidend geprägt. Besonders erwähnen wollen wir diejenigen Menschen, die wir über einen längeren Zeitraum begleiten und mit denen wir gemeinsam lernen: Wir begegnen ihnen in den 20-tägigen Langzeitgruppen in Themenzentrierter Interaktion (TZI), die wir für Studierende und Lehrende gemeinsam konzipiert und durchgeführt haben, in den 5-tägigen Kursleitungsausbildungen in Progressiver Muskelentspannung, in den MBSR-8-Wochentrainings, in den 1-jährigen Trainings Achtsamkeit am Arbeitsplatz (TAA) und in den 1½-jährigen Ausbildungen zum Lehrenden für Stressbewältigung durch Achtsamkeit (MBSR).

Darüber hinaus sind wir geprägt von unseren Lehrern: Bei mir (Cornelia) waren es Horst Brück, der mich ermutigte, nach innen zu schauen, Fritz Seidenfaden, der mir die Freude an der Anthropologie vorlebte, und Rüdiger Mack, der mein Querdenken förderte. Bei mir (Rüdiger) waren es Graf Wenzel von Stosch, der mich 1979 in Meditation einführte, Pater Lassalle, durch den ich mit Zen in Kontakt kam, und Michael von Brück, der mich beeinflusste durch seine lebendige, schlichte und humorvolle Art der Vermittlung von Zen und Yoga. Bei R. Sriram konnte ich meine Yogapraxis in der Tradition von T. K. V. Desikachar vertiefen.

Es gibt auch Menschen, die uns gemeinsam inspiriert und geformt haben: Die Begründerin der Themenzentrierten Interaktion Ruth C. Cohn und die TZI-Lehrenden Elfi und Dietrich Stollberg. Siegfried Gröninger hat uns in Progressiver Muskelentspannung ausgebildet, und mit besonderem Dank und innerer Verbundenheit denken wir an Jon Kabat-Zinn, Saki Santorelli, Melissa Blacker und Florence Meleo-Meyer, die uns das Wesen von MBSR nahebrachten.

Neben den Erfahrungen mit unseren Teilnehmenden und Lehrenden ist die Grundlage unserer pädagogischen Arbeit ein humanistisch-ganzheitliches Menschenbild, das sich in den drei grundlegenden Annahmen der TZI widerspiegelt: Das existentiell anthropologische Axiom: »Der Mensch ist eine psycho-biologische Einheit und ein Teil des Universums. Er ist darum gleicherweise autonom und interdependent. Die Autonomie des Einzelnen ist umso größer, je mehr er sich seiner Interdependenz mit allen und allem bewußt wird.« Das ethisch-soziale Axiom: »Ehrfurcht gebührt allem Lebendigen und seinem Wachstum. Respekt vor dem Wachstum bedingt bewertende Entscheidungen. Das Humane ist wertvoll, Inhumanes ist wertbedrohend.« Das pragmatisch-politische Axiom: »Freie Entscheidung geschieht innerhalb bedingender innerer und äußerer Grenzen. Erweiterung dieser Grenzen ist möglich.«[44]

Auch das Leitungsverständnis der TZI ist für uns wegweisend geworden. Aus Sicht der TZI sind Gruppenleitende in erster Linie Teilnehmende und erst in zweiter Linie Gruppenleitende mit einer speziellen Funktion. Das heißt, nicht die unterschiedlichen Rollen von Teilnehmersein und Leitersein werden betont, sondern das Gemeinsame und Verbindende. Handlungen, die lediglich auf der Grundlage von Wissen, einer überlegenen Funktion oder größerer Erfahrung ausgeführt werden, führen zu innerer Distanzierung und fordern Widerstand heraus. Das Prinzip der Verbundenheit beschreibt Hugo Prather sehr anschaulich: »Ich kann einem anderen keine wirkliche Hilfe sein, wenn ich nicht erkenne, dass wir beide gemeinsam in dieser Sache stecken, dass all unsere Unterschiede oberflächlich und bedeutungslos sind, und dass nur die unzähligen Punkte, in denen wir uns gleich sind, überhaupt Bedeutung haben.«[45] Aus diesem Grundverständnis ergeben sich für uns als Lehrende drei Konsequenzen: Wir können von den Teilnehmenden nur das fordern, was wir selber längst tun. Wir sind in erster Linie Mitübende und erst in zweiter Linie Lehrende. Wir praktizieren genauso wie die Teilnehmenden.

Unsere Arbeit basiert auf drei pädagogischen Verfahren:

Erstens die Themenzentrierte Interaktion (TZI) nach Ruth C. Cohn. Die TZI ist ein Gruppenverfahren, das aus den Erkenntnissen der Psychoanalyse und den Einflüssen der Gruppentherapie in den 60er Jahren des letzten Jahrhunderts entstanden ist. Zentrales Anliegen der TZI ist das Lebendige-Miteinander-Lernen und Arbeiten in Gruppen. Darunter ist ganzheitliches Lernen zu verstehen mit dem Ziel, sich selbst und andere so zu leiten, dass die wachstumsfördernden und heilenden Anlagen im Menschen angeregt und unterstützt werden. Die Themenzentrierte Interaktion wird mit großem Erfolg überall dort eingesetzt, wo Menschen ihren Kooperations- und Kommunikationsstil verbessern wollen.[46]

Zweitens die Progressive Muskelentspannung (PME) nach Edmund Jacobson. Die PME ist eine seit über 80 Jahren bewährte, effektive und leicht erlernbare Methode der Entspannung. Durch die systematische Schulung der Achtsamkeit sensibilisiert die Progressive Muskelentspannung für das Zusammenspiel von Muskeltonus, Lebensgefühl und Gedankenwelt und stärkt so die Fähigkeit, bewusst und eigenverantwortlich zu innerer Ruhe sowie seelischer und körperlicher Ausgeglichenheit zu gelangen. Die Progressive Muskelentspannung lässt sich ohne besondere Vorbereitung in den Alltag integrieren. Regelmäßige Anwendung führt schon nach kurzer Zeit zu einer tiefgreifenden Regeneration sowohl auf der körperlichen als auch auf der geistigen Ebene.[47]

Drittens die Stressbewältigung durch Achtsamkeit (MBSR) nach Jon Kabat-Zinn. MBSR ist ein einfaches, weltanschaulich neutrales und sehr wirksames Achtsamkeitstraining zur Stressbewältigung. Seit der Entwicklung von MBSR 1979 in der Stress Reduction Clinic an der Universität von Massachusetts wird die Methode wissenschaftlich erforscht. Im Mittelpunkt des klassischen MBSR-8-Wochen-Trainings steht die intensive Praxis der Achtsamkeit. Menschen werden befähigt, auch inmitten von Stress-Situationen, Schmerzen, Krankheiten oder anderen Herausforderungen ihres Lebens aus einem wachen Bewusstsein heraus achtsam agieren zu können, anstatt automatisch zu reagieren.[48]

Die Begründer aller drei Verfahren betonen, dass es sich nicht um Techniken bzw. Methoden handelt, sondern um eine Haltung und Lebensweise. In den Worten von Ruth C. Cohn klingt dies wie folgt: »Methode und Haltung gehören in der TZI so untrennbar zusammen wie Form und Gehalt bei einem Kunstwerk oder Leib und Seele beim Menschen. Ohne genügend Kenntnisse und ohne integrierte humanistische Haltung können TZI-Techniken in demagogischer und destruktiver Weise verwandt werden – ebenso wie Streichhölzer im Heuschober«.[49] Edmund Jacobson schreibt über die Progressive Muskelentspannung: »Es sei betont, dass physiologische Entspannung nicht nur eine medizinische Disziplin, sondern auch ein Lebensstil ist.«[50] Und Jon Kabat-Zinn betont: »Meditation ist eine Art zu sein, keine Technik.«[51]

Bei allem was wir sagen, lehren und tun geht es in letzter Konsequenz aber um die Überwindung von menschlichen Systemen, ob sie nun Themenzentrierte Interaktion, Progressive Muskelentspannung, Yoga, Zen oder Stressbewältigung durch Achtsamkeit heißen, denn: »Das Erwachen und Erblühen von Verständnis, Liebe und Intelligenz hat nichts mit einer Haltung oder Tradition zu tun, wie alt und eindrucksvoll sie auch sein mag. Es hat nichts mit Zeit zu tun. Es geschieht von allein, wenn ein Mensch fragt, staunt, forscht, zuhört und still schaut, ohne in Angst, Vergnügen oder Schmerz steckenzubleiben. Wenn die Ich-Bezogenheit schweigt, sind Himmel und Erde offen. Das Geheimnis, die Essenz allen Lebens ist nichts anderes als das stille Offensein einfachen Hörens.«[52]

Anhang

Anmerkungen

1 Eine klassische Definition von Achtsamkeit lautet: »Achtsamkeit beinhaltet, auf eine bestimmte Weise aufmerksam zu sein: bewusst, im gegenwärtigen Augenblick und ohne zu urteilen.« (Jon Kabat-Zinn: Im Alltag Ruhe finden. Meditationen für ein gelassenes Leben. München: Knaur 2011, S. 18)

2 Burnout ist die neue Volkskrankheit. Aktuelle Zahlen des Wissenschaftlichen Instituts der AOK belegen, dass in den letzten sieben Jahren die Krankheitstage wegen Burnout um das Neunfache angestiegen sind, zehn Prozent aller Fehltage der arbeitenden Bevölkerung auf Burnout zurückzuführen sind und circa 30 Prozent der Arbeitnehmer und Unternehmer von einer schweren Erschöpfung betroffen sind. Die Weltgesundheitsorganisation (WHO) hat den beruflichen Stress zu »einer der größten Gefahren des 21. Jahrhunderts« erklärt.

Zugleich ist Burnout zu einem Modewort geworden und darüber zu schreiben ist »in«, auch wenn bis heute das Wort »Burnout« weder einheitlich definiert noch als eigenständiges Krankheitsbild international anerkannt ist. Ärzte können Burnout jedoch als Zusatzdiagnose im Rahmen einer Krankschreibung angeben. – Doch was steckt hinter diesem Begriff, der oft im Zusammenhang von Erschöpfungssyndrom, Anpassungsstörung und Depression benutzt wird? Burnout (engl. »ausbrennen«) ist ein Zustand emotionaler Erschöpfung mit reduzierter Leistungsfähigkeit. Das Wort Burnout wurde 1974 erstmals von Herbert Freudenberger für die verbreitete Erschöpfung von Menschen in helfenden Berufen eingeführt. Matthias Burisch definierte zwanzig Jahre später Burnout als »eine lang dauernd zu hohe Energieabgabe für zu geringe Wirkung bei ungenügendem Energienachschub.« Heute sind davon Menschen in allen gesellschaftlichen Gruppen betroffen und die unterschiedlichsten prominenten Personen berichten offen über ihre Erfahrungen mit dem Ausgebranntsein.

Vgl. ausführlich zu dem Thema Burnout: Gabriele Kypta: Burnout erkennen, überwinden, vermeiden. Heidelberg: Auer 2006; Manfred Nelting: Burnout. Wenn die Maske zerbricht. Wie man Überbelastung erkennt und neue Wege geht. München: Goldmann 2010. Einen von Manfred Nelting entwickelten Burnout-Test finden Sie unter: www.gezeitenhaus.de/burn-out-test.html

3 Vgl. Gert Kaluza: Gelassen und sicher im Stress. Heidelberg: Springer 1991, 3. Auflage 2007, S. 41 ff.

4 Vgl. ausführlich: Cornelia Löhmer/Rüdiger Standhardt (Hrsg.): Zur Tat befreien. Gesellschaftspolitische Perspektiven der TZI-Gruppenarbeit. Mainz: Grünewald 1994; Gerhard Breidenstein: Hoffen inmitten von Krisen. Von Krankheit und Heilung unserer Gesellschaft. Frankfurt: Fischer 1990, 4. Auflage 2009 (zu bestellen bei Dr. Gerhard Breidenstein, Römerstr. 26, 71540 Murrhardt für 10,– EUR zzgl. Versandkosten, E-Mail: g.breidenstein@arcor.de), Ruediger Dahlke: Woran krankt die Welt? Gefährliche Mythen gefährden unsere Welt. München: Riemann 2001; Geseko von Lüpke: Politik des Herzens. Nachhaltige Konzepte für das 21. Jahrhundert. Uhlstädt-Kirchhasel: Arun 2003, 4. Auflage 2011; Geseko von Lüpke: Zukunft entsteht aus Krise. München: Riemann 2009

5 Vgl. Sabine Bode: Die vergessene Generation. Die Kriegskinder brechen ihr Schweigen. München: Piper 2005, 14. Auflage 2010

6 Vgl. Sabine Bode: Kriegsenkel. Die Erben der vergessenen Generation. Stuttgart: Klett-Cotta 2009, 5. Auflage 2010

7 Vgl. Klaus Linneweh: Stresskompetenz. Der erfolgreiche Umgang mit Belastungssituationen in Beruf und Alltag. Weinheim/Basel 2002, S. 15. Die erwähnte Studie wurde bereits 1995 durchgeführt. Die Situation hat sich seitdem deutlich verschärft.

8 Jack Kornfield: Frag den Buddha und geh den Weg des Herzens. München: Kösel 1995, S. 31 f.

9 Die Lösung der Aufgabe von Seite 37 wird erst möglich, wenn der enge Bezugsrahmen der neun Punkte überschritten wird.

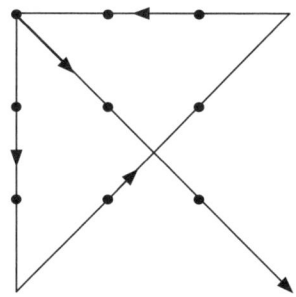

10 Jon Kabat-Zinn: Gesund durch Meditation. Das große Buch der Selbstheilung. München: Knaur 2011, S. 146

11 William Hart: Die Kunst des Lebens. Vipassana-Meditation nach S. N. Goenka. München: Deutscher Taschenbuch Verlag 2006, S. 126 ff.

12 Eckhart Tolle: Jetzt! Die Kraft der Gegenwart. Bielefeld: J. Kamphausen 2000, 14. Auflage 2006, S. 23

13 Martha Beck: Enjoy your life. 10 kleine Schritte zum Glück. Frankfurt: Campus 2004, S. 239 f.

14 Zur Vertiefung des Themas Selbstverantwortung: Reinhard Sprenger: Die Entscheidung liegt bei Dir! Wege aus der alltäglichen Unzufriedenheit. Frankfurt: Campus 1997; Walter Zimmermann: Mach endlich was du willst. Wie du dein Schicksal selbst in die Hand nimmst. Frankfurt: Campus 2008; Jens Corssen: Der Selbstentwickler. Das Corssen Seminar. Wiesbaden: Beust 2004; Stephen R. Co-

vey: Der Weg zum Wesentlichen. Zeitmanagement der vierten Generation. Frankfurt: Campus 1998

15 Byron Katie: Lieben was ist. Wie vier Fragen Ihr Leben verändern können. München: Goldmann 2002

16 John Gray: Männer sind anders. Frauen auch. Männer sind vom Mars. Frauen von der Venus. München: Goldmann 1992, S. 304

17 Diana Richardson, Michael Richardson: Zeit für Gefühle. Die Krux mit den Emotionen in der Partnerschaft. Köln: Innenwelt Verlag 2009

18 Vgl. Robert Betz: Willst du normal sein oder glücklich? Aufbruch in ein neues Leben und Lieben. München: Heyne 2011, S. 126 ff.

19 Das Arbeitsblatt »Urteile über Deinen Nächsten« können Sie sich kostenlos von der Homepage www.thework.com/deutsch/ herunterladen; außerdem auch »das kleine Büchlein«, ein Auszug aus dem Buch von Byron Katie »Lieben was ist«.

20 Vgl. Diana Richardson, Michael Richardson: Zeit für Männlichkeit. Mehr Kompetenz in Sachen Sex und Liebe zwischen Mann und Frau. Köln: Innenwelt Verlag 2001; Diana Richardson: Zeit für Weiblichkeit. Köln: Innenwelt Verlag 2010; Diana Richardson: Zeit für Liebe. Sex, Intimität & Ekstase in Beziehungen. Köln: Innenwelt Verlag 2009

21 Vgl. www.robert-betz.de; besonders empfehlenswert sind die Meditations-CDs »Die Mutter meiner Kindheit. Eine Begegnung mit ihr für Klarheit, Frieden und Freiheit« und »Der Vater meiner Kindheit. Eine Begegnung mit ihm für Klarheit, Frieden und Freiheit«

22 Vgl. Ruediger Dahlke: Krankheit als Sprache der Seele. Be-Deutung und Chance der Krankheitsbilder. München: Goldmann 1997, S. 17–71; Ruediger Dahlke: Krankheit als Symbol. Ein Handbuch der Psychosomatik, Symptome, Be-Deutung, Erlösung. München: Bertelsmann 2000

23 Ken Wilber: Mut und Gnade. In einer Krankheit zum Tode bewährt sich eine große Liebe. München: Goldmann 1996

24 Vgl. Karen Kingston: Feng Shui gegen das Gerümpel des Alltags. Reinbek: Rowohlt 2000; Susanne Roth: Einfach aufgeräumt! In 24 Stunden mit der Simp-lify-Methode das Chaos besiegt. Frankfurt: Campus 2005

25 Siehe Anmerkung 21

26 Khalil Gibran. Der Prophet. Zürich: Walter 1973, S. 32 f.

27 Vgl. ausführlich: Kai Romhardt: Wir sind die Wirtschaft. Achtsam leben – Sinn-voll handeln. Bielefeld: J. Kamphausen 2009; Williges Jäger/Paul J. Kohtes (Hrsg.): zen@work. Manager und Meditation. Bielefeld: J. Kamphausen 2009; Fred Gratzon: The Lazy Way To Success. Ohne Anstrengung alles erreichen. Bielefeld: J. Kamphausen 2004

28 Vgl. Cornelia Löhmer, Rüdiger Standhardt: Die Kunst, im Alltag zu entspannen. Einübung in die Progressive Muskelentspannung 2006, 4. Aufl. 2012, Kapitel: Progressive Muskelentspannung im beruflichen Alltag.

29 Leonhard Fopp: Herausforderung Unternehmer-Nachfolge. Sichern Sie Ihr Lebenswerk! Zürich: Orell Füssli 2004, S. 15

30 Dieter Mueller-Harju beschreibt in seinem Buch »Generationswechsel in Fa-milienunternehmen. Mit Emotionen und Konflikten konstruktiv umgehen« einen achtsamkeitsorientieren Ansatz des Nachfolge-Coaching.

31 Vgl. ausführlich http://www.achtsamkeit-am-arbeitsplatz.de/dokumente/orga-nisationsentwicklung.pdf

32 Stephen C. Ludin, Harry Paul, John Christensen: Fish! Ein ungewöhnliches Mo-tivationsbuch. Frankfurt/Wien: Redline Wirtschaft bei Ueberreuter 2001

33 »Liebe Dich selbst« ist das zentrale Thema von Eva-Maria und Wolfram Zur-horst; u. a. Eva-Maria Zurhorst, Wolfram Zurhorst: Liebe dich selbst und freu dich auf die nächste Krise. München: Goldmann 2007; Dies.: Liebe Dich selbst auch wenn du deinen Job verlierst. München: Goldmann 2009; Dies.: Bezie-hungsglück. Wie »Liebe dich selbst« im Alltag funktioniert. München: Gräfe und Unzer 2010

34 Vgl. Jean Monbourquette: Umarme deinen Schatten. Negative Energien in positive verwandeln. Freiburg: Herder 2001; Ruediger Dahlke: Das Schatten-Prinzip. Die Aussöhnung mit unserer verborgenen Seite. München: Goldmann 2010 (mit Übungs-CD); Debbie Ford: Schattenarbeit. Wachstum durch die Integration unserer dunklen Seite. München: Goldmann 2011

35 Vgl. Christopher Germer: Der achtsame Weg der Selbstliebe. Wie man sich von destruktiven Gedanken und Gefühlen befreit. Freiamt: Arbor 2010

36 Vgl. Saki Santorelli: Zerbrochen und doch ganz. Die heilende Kraft der Achtsamkeit. Freiamt: Arbor 2000

37 Kim Mc Millen: When I Loved Myself Enough

38 Vgl. Jon Kabat-Zinn: Gesund durch Meditation. Das große Buch der Selbstheilung. München: Knaur 2011, S. 58

39 Tiziano Terzani: Das Ende ist mein Anfang: Ein Vater, ein Sohn und die große Reise des Lebens. München: Goldmann 2008, S. 395 f.; Tiziano Terzani: Noch eine Runde auf dem Karussell. Vom Leben und Sterben. München: Knaur 2007, S. 671

40 Wenn Sie das achtsame Innehalten in Ihrem Alltag kultivieren wollen, dann kann es für Sie unterstützend sein, sich das kostenlose Programm für achtsames Arbeiten am Arbeitsplatz unter http://www.miteinander-online.com herunterzuladen (bitte dort in den Bereich Führungskräfte gehen und dann auf Service). Immer wenn der Gong erklingt, machen Sie drei tiefe Atemzüge oder praktizieren Sie das achtsame Innehalten. Ein weiteres Programm finden Sie unter http://www.mindfulnessdc.org/bell/index.html.

41 Unsere Angebote zum achtsamen Innehalten, Entspannen und Schweigen finden Sie unter: www.mbsr-ausbildung.de, www.progressive-muskelentspannung.de und www.achtsamkeit-am-arbeitsplatz.de

42 Zahlreiche wissenschaftliche Veröffentlichungen belegen eindrücklich die Wirksamkeit von Achtsamkeit zur Stressreduktion, z. B. Ulrich Ott: Meditation

für Skeptiker. Ein Neurowissenschaftler erklärt den Weg zum Selbst. München: O. W. Barth 2010, S. 157 ff.; Halko Weiss/Michael E. Harrer/Thomas Dietz: Das Achtsamkeitsbuch. Grundlagen. Übungen. Anwendung. Stuttgart: Klett-Cotta 2010, S. 263 ff. Neurowissenschaftliche Studien legen nahe, dass Achtsamkeit über mehrere Mechanismen seine Wirkung entfaltet: 1. Regulation der Aufmerksamkeit; 2. Körperbewusstheit/Gewahrsein des Körpers; 3. Emotionsregulation (Neubewertung, Überschreibung unangemessener emotionaler Reaktionen); 4. Veränderte Selbstwahrnehmung. Vgl. dazu ausführlich: Britta K. Hölzel/ Sara W. Lazar/Tim Gard/Zev Schuman-Olivier/David R. Vago & Ulrich Ott (2011): How does mindfulness meditation work? Proposing mechanisms of action from a conceptual and neural perspective. Perspectives on Psychological Science, 6, 537–559.

43 Vgl. z. B. Hans-Peter Unger/Carola Kleinschmidt: Das gesunde Unternehmen – Luxus oder Leitbild? In: Hans-Peter Unger/Carola Kleinschmidt: Bevor der Job krank macht. Wie uns die heutige Arbeitswelt in die seelische Erschöpfung treibt und was man dagegen tun kann. München: Kösel 2006, 6. Auflage 2011, S. 157 ff.

44 Ruth C. Cohn/Alfred Farau: Gelebte Geschichte der Psychotherapie. Zwei Perspektiven. Stuttgart: Klett-Cotta 1984, 4. Auflage 1995, S. 356 f.

45 Hugo Prather: Vorwort. In: Gerald G. Jampolsky: Lieben heißt die Angst verlieren. München: Goldmann 1987, S. 6

46 Cornelia Löhmer/Rüdiger Standhardt: TZI – Die Kunst, sich selbst und eine Gruppe zu leiten. Einführung in die Themenzentrierte Interaktion. Stuttgart: Klett-Cotta 2006, 3. Auflage 2010

47 Cornelia Löhmer/Rüdiger Standhardt: Die Kunst, im Alltag zu entspannen. Einübung in die Progressive Muskelentspannung. Stuttgart: Klett-Cotta 2006, 3. Auflage 2010 (mit Übungs-CD)

48 Jon Kabat-Zinn: Gesund durch Meditation. Das große Buch der Selbstheilung.

München: Knaur 2011 (deutschsprachige Erstausgabe 1991 im O. W. Barth Verlag)

49 Ruth C. Cohn/Alfred Farau: Gelebte Geschichte der Psychotherapie. Zwei Perspektiven. Stuttgart: Klett-Cotta 1984, 4. Auflage 1995, S. 369 f.

50 Edmund Jacobson: Entspannung als Therapie. Progressive Relaxation in Theorie und Praxis. München: Pfeiffer 1990, S. 15

51 Jon Kabat-Zinn: Zur Besinnung kommen. Die Weisheit der Sinne und der Sinn der Achtsamkeit in einer aus den Fugen geratenen Welt. Freiamt: Arbor 2006, S. 70

52 Toni Packer: Mit ganz neuen Augen sehen. Braunschweig: Aurum 1991, S. 5

Übungen auf der CD

Sprecherin: Cornelia Löhmer

Track 1: Achtsames Innehalten	3:30
Track 2: Achtsames Entspannen	15:00
Track 3: Achtsame Körperwahrnehmung	15:00

Sprecher: Rüdiger Standhardt

Track 4: Achtsame Körperbewegungen	15:00
Track 5: Achtsames Sitzen	15:00
Track 6: Achtsames Gehen	15:00

Literatur

Beck, Martha: Enjoy your life. 10 kleine Schritte zum Glück. Frankfurt/New York: Campus 2004

Betz, Robert: Raus aus den alten Schuhen. Dem Leben eine neue Richtung geben. München: Integral 2008

Betz, Robert: Willst du normal sein oder glücklich? Aufbruch in ein neues Leben und Lieben. München: Heyne 2011

Brück, Michael von: Wie können wir leben? Religion und Spiritualität in einer Welt ohne Maß. München: Beck 2002

Cohn, Ruth C./Farau, Alfred: Gelebte Geschichte der Psychotherapie. Zwei Perspektiven. Stuttgart: Klett-Cotta 2004

Covey, Stephen R.: Der Weg zum Wesentlichen. Zeitmanagement der vierten Generation. Frankfurt: Campus 1997

Dahlke, Ruediger: Krankheit als Sprache der Seele. Be-Deutung und Chance der Krankheitsbilder. München: Goldmann 1997

Dahlke, Ruediger: Das Schatten-Prinzip. Die Aussöhnung mit unserer verborgenen Seite. München: Goldmann 2010 (mit Übungs-CD)

Dethlefsen, Thorwald/Dahlke, Rüdiger: Krankheit als Weg. Deutung und Be-Deutung der Krankheitsbilder. München: Goldmann 1990

Dyer, Wayne W.: Der wunde Punkt. Die Kunst, nicht unglücklich zu sein. Reinbek: Rowohlt 1977

Gibran, Khalil: Der Prophet. München: Deutscher Taschenbuch Verlag 2002

Izzo, John: Die fünf Geheimnisse, die Sie entdecken sollten, bevor Sie sterben. München: Riemann 2008

Jacobson, Edmund: Entspannung als Therapie. Progressive Muskelentspannung in Theorie und Praxis. München: Pfeiffer 1990

Jäger, Willigis/Kohtes, Paul J. (Hrsg.): zen@work. Manager und Meditation. Bielefeld: Kamphausen 2009

Jampolsky, Gerald G.: Lieben heißt die Angst verlieren. München: Goldmann 1987

Kabat-Zinn, Jon: Gesund durch Meditation. Das große Buch der Selbstheilung. München: Knaur 2011

Kabat-Zinn, Jon: Zur Besinnung kommen. Die Weisheit der Sinne und der Sinn der Achtsamkeit in einer aus den Fugen geratenen Welt. Freiamt: Arbor 2006

Kabat-Zinn, Jon: Im Alltag Ruhe finden. Meditationen für ein gelassenes Leben. München: Knaur 2010

Kabat-Zinn; Jon: Achtsamkeit für Anfänger. Freiamt: Arbor 2009 (mit einer Hör-CD)

Kaluza, Gert: Gelassen und sicher im Stress. Das Stresskompetenz-Buch. Stress erkennen, verstehen, bewältigen. Heidelberg: Springer 1991, 3. Auflage 2007

Katie, Byron: Lieben was ist. Wie vier Fragen Ihr Leben verändern können. München: Goldmann 2002

Kornfield: Jack: Meditation für Anfänger: CD mit sechs geführten Meditationen für Einsicht, innere Klarheit und Mitempfinden. München: Goldmann 2005

Kornfield: Jack: Das weise Herz. Die universellen Prinzipien buddhistischer Psychologie. München: Goldmann 2008

Kothes, Paul J.: Dein Job ist es, frei zu sein. Zen und die Kunst des Managements. Bielefeld: Kamphausen 2005

Krishnamurti, Jiddhu: Einbruch in die Freiheit. Berlin: Ullstein 1989

Küstenmacher, Werner Tiki/Seiwert, Lothar: simplify your life. Einfacher und glücklicher leben. Frankfurt: Campus 2002

Kundtz, David: Stopping. Anhalten zum Durchhalten. Stuttgart: Kreuz 1999

Lindbergh, Anne Morrow: Muscheln in meiner Hand. Eine Antwort auf die Konflikte unseres Daseins. München: Piper 1955

Löhmer, Cornelia/Standhardt, Rüdiger: TZI – Die Kunst, sich selbst und eine Gruppe zu leiten. Einführung in die Themenzentrierte Interaktion. Stuttgart: Klett-Cotta 2006, 3. Auflage 2010

Löhmer, Cornelia/Standhardt, Rüdiger: Die Kunst, im Alltag zu entspannen. Einübung in die Progressive Muskelentspannung (mit Hör-CD). Stuttgart: Klett-Cotta
2006, 3. Auflage 2010

Mueller-Harju, Dieter: Das Beste kommt erst noch. Acht Schritte in ein neues Leben.
München: Nymphenburger 2007

Ott, Ulrich: Meditation für Skeptiker. Ein Neurowissenschaftler erklärt den Weg
zum selbst. München: O. W. Barth 2010

Packer, Toni: Mit ganz neuen Augen sehen. Braunschweig: Aurum 1991

Romhardt, Kai: Slow down your life. Vom Glück der Gelassenheit. Berlin: edition
steinrich 2011

Santorelli, Saki: Zerbrochen und doch ganz. Die heilende Kraft der Achtsamkeit.
Freiamt: Arbor 2000

Schäfer, Bodo: Die Gesetze der Gewinner. Frankfurt: Frankfurter Allgemeine Buch
2001

Sprenger, Reinhard K.: Die Entscheidung liegt bei Dir! Wege aus der alltäglichen
Unzufriedenheit. Frankfurt/New York: Campus 1997

Sriram, R.: Yoga. Neun Schritte in die Freiheit. Ein Weg zu Gesundheit und Selbst-
bewusstsein. Berlin: Theseus 2001

Terzani, Tiziano: Das Ende ist mein Anfang. Ein Vater, ein Sohn und die große Reise
des Lebens. München: Goldmann 2008

Thich Nhat Hanh: Ich pflanze ein Lächeln. Der Weg der Achtsamkeit. München:
Goldmann 1992

Tolle, Eckhart: Jetzt! Die Kraft der Gegenwart. Ein Leitfaden zum spirituellen Erwachen. Bielefeld: Kamphausen 2000

Tolle, Eckhart: Eine neue Erde. Bewusstseinssprung anstelle von Selbstzerstörung.
München: Goldmann 2005

Walsch, Neale Donald: Gespräche mit Gott. Vollständige Ausgabe der Bände 1–3.
München: Goldmann 2009

Weiss, Halko/Harrer, Michael E./Dietz, Thomas: Das Achtsamkeitsbuch. Grundlagen. Übungen. Anwendung. Stuttgart: Klett-Cotta 2010

Wilber, Ken: Mut und Gnade. In einer Krankheit zum Tode bewährt sich eine große Liebe. München: Goldmann 1996

Williamson, Marianne: Rückkehr zur Liebe. Harmonie, Lebenssinn und Glück durch »Ein Kurs in Wundern«. München: Goldmann 1993

Zimmermann, Walter: Mach endlich, was du willst! Wie du dein Schicksal selbst in die Hand nimmst. Frankfurt/New York: Campus 2008

Zurhorst, Eva-Maria/Zurhorst, Wolfram: Liebe Dich selbst und freu dich auf die nächste Krise. München: Goldmann 2007

Zurhorst, Eva-Maria/Zurhorst, Wolfram: Beziehungsglück. Wie »Liebe dich selbst« im Alltag funktioniert. München: Gräfe und Unzer 2010

CDs

Eßwein, Jan Thorsten: Achtsamkeitstraining. München: Gräfe und Unzer 2010 (mit CD)

Goldstein, Elisha/Valentin, Lienhard: @work. Stressbewältigung durch Achtsamkeit im beruflichen Alltag. Freiamt: Arbor 2010 (mit CD)

Kabat-Zinn, Jon: Achtsamkeit für Anfänger. Freiamt: Arbor 2009 (mit CD)

Kornfield, Jack: Meditation für Anfänger. CD mit 6 geführten Meditationen für Einsicht, Klarheit und Mitempfinden. München: Goldmann 2005

Löhmer, Cornelia/Standhardt, Rüdiger: Die Kunst im Alltag zu entspannen. Einübung in die Progressive Muskelentspannung. Stuttgart: Klett-Cotta 2006 (mit CD)

Weiss, Halko/Harrer, Michael E./Dietz, Thomas: Das Achtsamkeitsübungsbuch. Für Beruf und Alltag. Stuttgart: Klett-Cotta 2012 (mit 2 CDs)

Adressen

Meditationszentren
Benediktushof, Klosterstr. 10, 97292 Holzkirchen
Telefon: 0 93 69/98 38-0
E-Mail: info@benediktushof-holzkirchen.de
Internet: www.benediktushof-holzkirchen.de

Buddha-Haus, Uttenbühl 5, 87466 Oy-Mittelberg
Telefon: 0 83 76/5 02
E-Mail: info@buddha-haus.de
Internet: www.buddha-haus.de

Domicilium, Holzkirchener Str. 3, 83629 Weyarn
Telefon: 0 80 20/90 48-50
E-Mail: snela@domicilium-weyarn.de
Internet: www.domicilium-weyarn.de

Felsentor Stiftung, Romiti/Rigi, CH-6354 Vitznau
Telefon: 00 41/41/3 97 17 76
E-Mail: info@felsentor.ch
Internet: www.felsentor.ch

Haus der Stille e. V., Mühlenweg 20, 21514 Roseburg
Telefon: 0 41 58/2 14
E-Mail: hausderstille.org
Internet: hausderstille.org

Lassalle-Haus, Bad Schönbrunn, CH-6313 Edlibach
Telefon: 00 41/41/7 57 14 14
E-Mail: info@lassalle-haus.org
Internet: www.lassalle-haus.org

Meditationszentrum Beatenberg, Waldegg, CH-3803 Beatenberg
Telefon: 00 41/33/8 41 21 31
E-Mail: info@karuna.ch
Internet: www.karuna.ch

Neumühle, 66693 Mettlach-Tünsdorf
Telefon: 0 68 68/91 03- 0
E-Mail: info@meditation-saar.de
Internet: www.meditation-saar.de

Puregg »Haus der Stille«, Berg 12, A-5652 Dienten am Hochkönig
Telefon: 00 46 64/9 86 97 54
E-Mail: info@puregg.at
Internet: www.puregg.org

Seminarhaus Engl e. V., Engl 1, 84339 Unterdietfurt
Telefon: 0 87 28/6 16
E-Mail: info@seminarhaus-engl.de
Internet: www.seminarhaus-engl.de

Vipassana-Meditationszentrum, Dhamma Dvara, Alte Straße 6, 08606 Triebel
Telefon: 03 74 34/7 97 70
E-Mail: info@dvara.dhamma.org
Internet: www.dvara.dhamma.org

Waldhaus am Laacher See, Heimschule 1, 56645 Nickenich
Telefon: 0 26 36/33 44
E-Mail: info@buddhismus-im-westen.de
Internet: www.buddhismus-im-westen.de

MBSR-Verbände

MBSR-Verband Deutschland, Muthesiusstr. 6, 12163 Berlin
Telefon: 0 30/79 70 11 04
E-Mail: kontakt@mbsr-verband.org
Internet: www.mbsr-verband.org

MBSR-Verband Österreich, Sturzgasse 40/2, A-1150 Wien
E-Mail: info@mbsr-mbct.at
Internet: www.mbsr-mbct.at

MBSR-Verband Schweiz, CH-6000 Luzern
E-Mail: info@mbsr-verband.ch
Internet: www.mbsr-verband.ch

MBSR-Ausbildungsinstitute

Center for Mindfulness in Medicine, Health Care, and Society, University of Massachusetts Medical School, 55 Lake Avenue North, Worcester, MA 01655, USA
Telefon: 0 01/5 08/8 56-26 56
E-Mail: mindfulness@umassmed.edu
Internet: www.umassmed.edu/cfm

Arbor-Seminare, Stühlingerstrasse 21, 79106 Freiburg
Telefon: 07 61/89 62 91 06
E-Mail: info@arbor-seminare.de
Internet: www.arbor-seminare.de

Giessener Forum, Helgenstockstr. 15a, 35394 Giessen
Telefon: 06 41/49 36 05
E-Mail: info@giessener-forum.de
Internet: www.mbsr-ausbildung.de

Institut für Achtsamkeit und Stressbewältigung, Kirchstr. 37, 50181 Bedburg
Telefon: 01 72/2 18 66 81
E-Mail: MBSR2002@aol.com
Internet: www.institut-fuer-achtsamkeit.de

MBSR Institut Freiburg, Konradstraße 32, 79100 Freiburg
Telefon: 07 61/7 07 17 88
E-Mail: info@mbsr-freiburg.de
Internet: www.mbsr-freiburg.de

Über die Autoren

Cornelia Löhmer, geboren 1961 in Solingen. Dr. phil., Erziehungswissenschaftlerin M. A. Von 1986–1997 wissenschaftliche Mitarbeiterin und wissenschaftliche Assistentin am Fachbereich Erziehungswissenschaften der Justus-Liebig-Universität Giessen. Selbstständige Seminarleiterin, Trainerin, Coach und Autorin. Dipl.-TZI-Gruppenleiterin (RCI int.), MBSR-Lehrerin und Dozentin in der MBSR-Ausbildung des Giessener Forums, Kursleiterin und Ausbilderin in Progressiver Muskelentspannung für Kinder, Jugendliche, Erwachsene und ältere Menschen.

MBSR-Weiterbildungen bei Dr. Jon Kabat-Zinn, Dr. Saki Santorelli, Melissa Blacker und Florence Meleo-Meyer. MBCT-Weiterbildung bei Mark Williams. Mitbegründerin und wissenschaftliche Leiterin des Giessener Forums sowie Leiterin des Arbeitskreises »Achtsamkeit am Arbeitsplatz«.

Rüdiger Standhardt, geboren 1962 in Bonn. Dipl.-Pädagoge und Studium der evangelischen Theologie, selbstständiger Seminarleiter, Trainer, Coach und Autor. Ausbilder für Progressive Muskelentspannung und Stressbewältigung durch Achtsamkeit (MBSR), Yogalehrer BDY/EYU, TZI-Gruppenleiter (RCI.int) und Supervisor.

Langjährige Zen-Praxis bei Pater Lassalle und Prof. Dr. Michael von Brück, Yoga-Praxis bei R. Sriram. MBSR-Weiterbildungen bei Dr. Jon Kabat-Zinn, Dr. Saki Santorelli, Melissa Blacker und Florence Meleo-Meyer. MBCT-Weiterbildung bei Mark Williams und Weiterbildung in The Work bei Byron Katie. Mitbegründer und Institutsleiter des Giessener Forums sowie Leiter des Arbeitskreises »Achtsamkeit am Arbeitsplatz«.

Gemeinsam gründeten wir 1990 das Giessener Forum, ein Ausbildungsinstitut für achtsamkeitsbasierte Verfahren: Progressive Muskelentspannung (PME), Stressbewältigung durch Achtsamkeit (MBSR) und Training Achtsamkeit am Arbeitsplatz (TAA). Wir leiten die von uns angebotenen Ausbildungskurse und bieten für Unternehmen und die öffentliche Verwaltung Führungskräfte-Seminare an. Außerdem schreiben wir Bücher und Artikel zum lebendigen Lehren und Lernen sowie zur Progressiven Muskelentspannung und Stressbewältigung durch Achtsamkeit.

Wir sind verheiratet, haben zwei erwachsene Söhne, leben in Giessen-Rödgen und einen Teil des Jahres in Anidri (Südwestkreta).

Wenn Sie uns in der praktischen Arbeit erleben wollen, sind Sie herzlich zu den Veranstaltungen des Giessener Forums eingeladen. Rund um die Progressive Muskelentspannung (PME), die Stressbewältigung durch Achtsamkeit (MBSR) und das Training Achtsamkeit am Arbeitsplatz (TAA) machen wir Ihnen folgende Angebote:

Vorträge, Impulsveranstaltungen und Seminare
Ausbildung zum/zur Kursleiter/in in Progressiver Muskelentspannung
Ausbildung zum/zur Trainer/in in Achtsamkeit am Arbeitsplatz
Ausbildung zum/zur MBSR-Lehrer/in
Schweige- und Wüstenretreats
Supervisonsworkshops

Ausführliche Informationen erhalten Sie beim
Giessener Forum
Dr. Cornelia Löhmer & Rüdiger Standhardt
Helgenstockstr. 15a
35394 Giessen
Telefon: 06 41/49 36 05
Telefax: 06 41/49 36 95
E-Mail: info@giessener-forum.de
Internet: www.giessener-forum.de
Internet: www.progressive-muskelentspannung.de
Internet: www.achtsamkeit-am-arbeitsplatz.de
Internet: www.mbsr-ausbildung.de